板書で見る 算数

全単元・全時間の授業のすべて

小学校 **6** 年 上

田中博史 監修
尾﨑正彦 著
筑波大学附属小学校算数部 企画・編集

東洋館
出版社

算数好きを増やしたいと願う教師のために
―プロの授業人集団の叡智を結集した『板書で見る全単元・全時間の授業のすべて』―

　本書は『板書で見る全単元・全時間の授業のすべて』のシリーズの第3期になります。

　このシリーズは読者の先生方の厚い支持をいただき累計100万部となる，教育書としてはベストセラーと言えるシリーズとなりました。読者の皆様にあらためて感謝申し上げます。その後，本シリーズのヒットをきっかけに類似の本がたくさん世に出版されましたが，この算数の板書の本は今のブームの先駆けとなった文字通り元祖と言える書だと自負しています。

　板書という言葉は，教育の世界特有の言葉です。文字通り授業で教師が黒板に書くという行為をさしているのですが，日本の初等教育においては，一枚の板書に45分の授業展開を構造的におさめることで，児童の理解を助けることを意識して行っています。

　小学校の先生の間では当たり前になっているこの板書の技術が，実は諸外国の授業においては当たり前ではありません。いや日本においても中等教育以上ではやや価値観が異なる方も見かけます。内容が多いので仕方がないことも理解していますが，黒板に入りきらなくなったら前半の内容を簡単に消してしまったり，思いついたことをそのままただ空いているところに書き加えていったり……。

　これでは，少し目を離しただけでついていけなくなる子どもが出てきてしまいます。子どもの発達段階を考えると小学校では，意識的な板書の計画の役割は大きいと考えます。

　また教師にとっても，45分の展開を板書を用いて計画をたて準備することは，具体的なイメージがわきやすいためよい方法だと考えます。昔から達人と言われる諸先輩方はみんな取り入れていました。その代表が故坪田耕三先生（前青山学院大学，元筑波大学附属小学校副校長）だったと思います。坪田氏の板書は芸術的でさえありました。その後，若い先生たちはこぞって坪田先生の板書を真似し，子どもの言葉を吹き出しを用いて書きこんだり，中心課題をあえて黒板の真ん中に書くなどの方法も取り入れられていきました。

　単なる知識や技能の習得のための板書だけではなく，新学習指導要領の視点として強調されている数学的な見方・考え方の育成の視点から板書をつくることも意識していくことが大切です。すると活動の中でのめあての変化や，それに対する見方・考え方の変化，さらには友達との考え方の比較なども行いやすいように板書していくことも心掛けることが必要になります。子どもたちの理解を助ける板書の文化は，本来は中等教育以上でも，さらには今後は，諸外国においても大切にしていくことが求められるようになると考えます。本書がそうした広がりにも一翼を担うことができれば素晴らしいと考えます。

　本シリーズの第一作目は，この板書を明日の授業設計にも役立てようという趣旨で2003年に東洋館出版社から発刊されました。事の始まりは田中博史と柳瀬泰（玉川大学，元東京都算数

教育研究会会長），高橋昭彦（米国デュポール大学，元東京学芸大学附属世田谷小学校）の三人で1996年に始めたビジュアル授業プランのデータベース化計画に遡ります。当時から日本の板書の文化，技術を授業づくりの大切な要素として考え，これを用いた「明日の授業づくりの計画」に役立てていくことを考えていたわけです。互いの板書を共有化すること，それを文字や表組という分かりにくい指導案の形式ではなく，ビジュアルな板書という形式で保存をしていくことを考えたのです。残念ながら当時は一部分のみで完成にはいたりませんでしたが，時を経て，2003年の東洋館出版社の本シリーズの第一作目では1年から6年までの算数の全単元，全時間のすべてを全国の力のある実践家にお願いしておさめることに成功しました。全単元，全時間のすべてを板書を軸にしておさめることに取り組んだ書籍は，当時は他になかったと記憶しています。

　今回のシリーズも執筆者集団には，文字通り算数授業の達人と言われる面々を揃えました。子どもの姿を通して検証された本物の実践がここに結集されていると思います。

　特に，上巻では筑波大学附属小学校の算数部の面々が単著として担当した書もあります。2年は山本良和氏，3年は夏坂哲志氏，4年は大野桂氏，5年は盛山隆雄氏が一冊すべてを執筆しました。さらに6年は関西算数教育界の第一人者である尾﨑正彦氏（関西大学初等部）が書き上げています。他に類を見ない質の高さが実現できました。

　1年は，下巻で予定している共著の見本となることを意識し，筑波大学附属小学校の中田寿幸氏，森本隆史氏，さらに永田美奈子氏（雙葉小学校），小松信哉氏（福島大学）に分担執筆をしていただきました。総合企画監修は田中がさせていただいております。

　本シリーズの下巻は，この上巻の1年の書のように全国算数授業研究会や各地域の研究団体で活躍している，力のある授業人の叡智を結集したシリーズとなっています。

　さらに今回は，各巻には具体的な授業のイメージをより実感できるように，実際の授業シーンを板書に焦点を当て編集した授業映像DVDも付け加えました。

　明日の算数授業で，算数好きを増やすことに必ず役立つシリーズとなったと自負しています。

　最後になりましたが，本シリーズの企画の段階から東洋館出版社の畑中潤氏，石川夏樹氏には大変お世話になりました。この場を借りて厚くお礼を申し上げる次第です。

令和2年2月
板書シリーズ算数　総合企画監修
「授業・人」塾　代表　田中　博史
前筑波大学附属小学校副校長・前全国算数授業研究会会長

板書で見る
全単元・全時間の授業のすべて
算数 6年上

目　次

板書で見る全単元・全時間の授業のすべて
算数 小学校6年上
目次

本書活用のポイント

　本書は読者の先生方が，日々の授業を行うときに，そのまま開いて教卓の上に置いて使えるように
と考えて作成されたものです。1年間の算数授業の全単元・全時間の授業について，板書のイメージ
を中心に，展開例などを見開きで構成しています。各項目における活用のポイントは次のとおりです。

題　名

　本時で行う内容を分かりやすく紹介
しています。

目　標

　本時の目標を端的に記述しています。

本時の板書例

　45分の授業の流れが一目で分かる
ように構成されています。単なる知識
や技能の習得のためだけではなく，数
学的な見方・考え方の育成の視点から
つくられており，活動の中でのめあて
の変化や，それに対する見方・考え方
の変化，さらには友達との考え方の比
較なども書かれています。

　また，吹き出しは本時の数学的な見
方・考え方につながる子どもの言葉と
なっており，これをもとに授業を展開
していくと効果的です。

授業の流れ

　授業をどのように展開していくのか
を，4～5コマに分けて紹介していま
す。

　学習活動のステップとなるメインの
吹き出しは，子どもが主体的になった
り，数学的な見方・考え方を引き出す
ための発問，または子どもの言葉と
なっており，その下に各留意点や手立
てを記述しています。

　青字のところは，授業をうまく展開
するためのポイントとなっています。
予想される子どもの発言例は，イラス
トにして掲載しています。

本時案 授業DVD

線対称な形の
イメージ化

1/8

本時の目標

・回文の対称性の秘密を見つける活動を通し
て，線対称な図形にも回文と同じ特徴と同様
の対称性や対称の軸があることを見つけ理解
することができる。

授業の流れ

1 何が見えるかな？

「若山や　はるか光は　山や川」
「丸くなるな　車」
　2つの回文を順次板書していく。1問目で
は，「俳句かな」と考える子どもがいる。しか
し，2問目の提示でその予想は覆り回文であ
ることが見えてくる。その後，回文の秘密を見
つけていく。

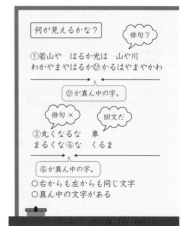

2 ｜｜｜｜｜は回文かな？

「｜｜｜｜｜」
「2115」

　平仮名に置き換えると「｜｜｜｜｜」は回文では
ない。しかし，形で見ると回文に見えてくる。
「回文だと考える友だちの気持ちはわかるかな」
と投げかけることで，ちょうど半分に折ると
ぴったり重なることや，百の位の1が対称の
軸に当たる場所になることを発見させていく。

3 （二等辺）三角形も回文かな？

　二等辺三角形を提示し，回文に見えるか考え
させる。「｜｜｜｜｜」と同様に形として捉えれば回
文であることが見えてくる。

線対称な形のイメージ化
020

実際の板書

本時の評価

・回文の特徴分析から見えてきた半分に折ったときにぴったりと重なる視点で図形を見つめ、二等辺三角形と正三角形が線対称な図形になることを理解することができる。
・回文の中心の文字に当たる部分が、二等辺三角形と正三角形では対称の軸になることを理解することができる。

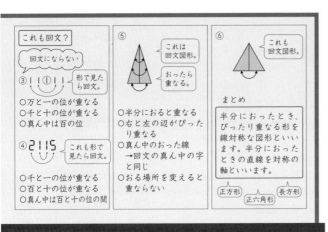

右側タブ：
1 対称な図形
2 文字と式
3 分数と整数のかけ算・わり算
4 分数と分数のかけ算
5 分数と分数のわり算
6 比とその利用
7 拡大図・縮図
8 円の面積
9 立体の体積

4 線対称な形、対称の軸といいます

　正三角形を提示し、回文図形か否かを考えさせる。正三角形も半分に折ると左右が重なることや、対象の軸に当たる部分があることを確認する。
　二等辺三角形・正三角形が回文図形であることが確認できたら、「線対称な形」「対称の軸」という用語を教える。

まとめ

　半分に折った時、ぴったり重なる形を線対称な図形といいます。
　半分に折ったときの直線を対称の軸といいます。
　これらの用語を教えた後、線対称な形を探す活動を行う。正方形や長方形、正六角形などの形を見つけてくる。この発見を価値づけることで、自主学習でも線対称な図形を探す学びが連続する姿へとつなげることができる。

第1時
021

評　価

　本時の評価について2～3項目に分けて記述しています。

準備物

　本時で必要な教具及び掲示物等を記載しています。

まとめ

　本時の学習内容で大切なところを解説しています。授業の終末、あるいはその途中で子どもから引き出したい考えとなります。

特典DVD

　具体的な授業のイメージをより実感できるように、実際の授業を収録したDVD（1時間分）がついています（本書は左の事例）。

単元冒頭頁

　各単元の冒頭には、「単元の目標」「評価規準」「指導計画」を記載した頁があります。右側の頁には、単元の「基礎・基本」と育てたい「数学的な見方・考え方」についての解説を掲載。さらには、取り入れたい「数学的活動」についても触れています。

本書の単元配列／6年上

単元（時間）	指導内容		時間
1　対称な図形 （8）	第1次	「線対称な図形についての理解」	4時間
	第2次	点対称な図形についての理解	3時間
	第3次	点対称な図形についての理解	1時間
2　文字と式 （5）	第1次	文字式の意味	2時間
	第2次	いろいろな数をあてはめて	2時間
	第3次	文字式の活用	1時間
3　分数と整数の 　　かけ算・わり算 （6）	第1次	分数×整数の計算	3時間
	第2次	分数÷整数の計算	3時間
4　分数と分数のかけ 　　算 （8）	第1次	分数×分数の意味と計算の仕方	3時間
	第2次	帯分数や整数，小数に分数をかける場合の計算の 仕方	3時間
	第3次	分数のかけ算の性質	2時間
5　分数と分数の 　　わり算 （10）	第1次	分数÷分数の計算	4時間
	第2次	分数のわり算の適用問題	2時間
	第3次	四則が混じった計算	4時間
6　比とその利用 （8）	第1次	比	3時間
	第2次	等しい比	1時間
	第3次	比の活用	4時間
7　拡大図・縮図 （9）	第1次	拡大図と縮図	2時間
	第2次	拡大図と縮図の作図	4時間
	第3次	縮図の利用	3時間
8　円の面積 （8）	第1次	円のおよその面積の求め方の理解	2時間
	第2次	円の面積を求める公式の理解	2時間
	第3次	円の面積を求める公式の理解	4時間
9　立体の体積 （5）	第1次	角柱の体積	2時間
	第2次	円柱の体積	1時間
	第3次	いろいろな角柱・円柱	2時間

I

第6学年の
授業づくりのポイント

第6学年の授業づくりのポイント

1 第6学年上巻の内容

第6学年の上巻に収められている内容は，以下の9単元である。

> 1 対称な図形　　2 文字と式　　3 分数と整数のかけ算・わり算
> 4 分数と分数のかけ算　　5 分数と分数のわり算　　6 比とその利用
> 7 拡大図・縮図　　8 円の面積　　9 立体の体積

　これらの単元に関する内容を，学習指導要領をもとに概観すると次のようになる。

〈数と計算〉

3 分数と整数のかけ算・わり算　　4 分数と分数のかけ算　　5 分数と分数のわり算

○数の意味と表現，計算について成り立つ性質に着目し，計算の仕方を多面的に捉え考える。

- ・分数×整数，分数÷整数　　　　　　・分数×分数，分数÷分数
- ・真分数，仮分数の計算及び帯分数の計算　・交換法則，結合法則，分配法則
- ・乗法の性質（乗数が2倍，3倍……になると積も2倍，3倍……になる）と除法の性質（除数及び被除数に同じ数をかけても，同じ数で割っても商は変わらない）

2 文字と式

○問題場面の数量の関係に着目し，数量の関係を簡潔かつ一般的に表現したり，式の意味を読み取ったりする。

- ・a や x を用いた式　　　　　　　・未知数を文字に表した式
- ・変数を文字に表した式

〈図形〉

7 拡大図・縮図　　1 対称な図形

○図形を構成する要素や図形間の関係に着目し，構成の仕方を考察したり図形の性質を見いだしたりするとともに，その性質をもとに既習の図形を捉え直す。

- ・縮図や拡大図　　　　　　　　　　・線対称な図形や点対称な図形

8 円の面積

○図形を構成する要素などに着目し，基本図形の面積の求め方を見いだすとともに，その表現を振り返り，簡潔で的確な表現に高め，公式として導く。

- ・円の面積　　　　　　　　　　　　・（円の面積）＝（半径）×（半径）×（円周率）

9 立体の体積

○図形を構成する要素に着目し，基本図形の体積の求め方を見いだすとともに，その表現を振り返り，簡潔で的確な表現に高め，公式として導く。

- ・角柱と円柱の体積　　　　　　　　・（角柱や円柱の体積）＝（底面積）×（高さ）

〈変化と関係〉

6 比とその利用

○日常の事象における数量の関係に着目し，図や式などを用いて数量の関係の比べ方を考察し，それを日常生活に生かす。

- ・比　　　　　　　・比の値　　　　　　　・等しい比

2 本書に見る，数学的活動の具体例

学習指導要領では，次のような数学的活動に取り組むことが記されている。

> ア　日常の事象を数理的に捉え問題を見いだして解決し，解決過程を振り返り，結果や方法を改善したり，日常生活等に生かしたりする活動
> イ　算数の学習場面から算数の問題を見いだして解決し，解決過程を振り返り統合的・発展的に考察する活動
> ウ　問題解決の過程や結果を，目的に応じて図や式などを用いて数学的に表現し伝え合う活動

　数学的活動とは，子どもが目的意識をもって主体的に学習に取り組むことである。この活動を通すことで，基礎的・基本的な知識及び技能を着実に身に付けるとともに，数学的な思考力，判断力，表現力等を高め，算数に関わりをもったり，算数を学ぶことの楽しさを実感したりできることが大切である。これらに関する事例は，本書にも掲載されている。

⑤　分数と分数のわり算　第1時「分数÷分数を考えよう」

　ここでは，「$\frac{1}{2}$ 分間で $\frac{4}{6}$ Lのジュースを作る機械があります。1分では何Lのジュースができますか」の問題を考えさせる。$\frac{4}{6} \div \frac{1}{2}$ の計算の仕方を，多くの子どもたちは，$\frac{(4 \div 1)}{(6 \div 2)}$ と考える。それはなぜか。分数×分数の計算は既習である。そこでは，分母同士・分子同士の数値をかけることで積を求めることができた。子どもは，分数のかけ算と同じ方法で分数のわり算も計算ができるのではないだろうかと類推的に考えるのである。この姿こそ，子どもが目的意識をもって分数のわり算に向き合っているといえる。

　子どもの思いに沿って実際に計算を行ってみる。答えは $\frac{4}{3}$ Lとなる。この答えが本当に正しいかどうかは，この時点では子どもには自信がない。そこで，「本当に $\frac{3}{4}$ Lでいいのかな」と子どもに投げかける。分数のかけ算の学習をもとに，「図を描けば正しいかどうかわかる」と子どもは考えるであろう。このように子ども自身が図を使いたくなる状況を設定することも大切である。図が完成したら，図と式を関連付け，式のどの部分が図のどの部分になっているのかをクラス全体で読解する展開も大切である。分数のわり算を単に答えを求めるだけの展開にしないようにすることが大切である。

板書「分数と分数のわり算」第1時

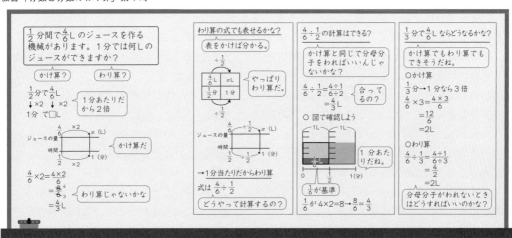

　前時（第4時）では，三角形の拡大図・縮図に取り組んでいる。その学習では，意図的に三角形の辺の長さも角の大きさも提示していない。必要な最低限の情報は何かを子どもに考えさせるためである。そこでは，子どもたちは「2本の辺の長さと，1つの角の大きさ」など，3つの情報があれば作図ができることを見いだした。

　本時は，四角形の作図に取り組ませる。三角形が3つの情報で作図できたことから，四角形は4つの情報で作図ができるのではないかと多くの子どもは考える。このように予想する姿こそ，子どもが目的意識をもって学習に取り組んでいるといえる。

　実際に作図をすると，4つでは作図はできない。5つの情報がなければ作図ができないことが分かる。この結果が明らかになると，「きまりがある」という声があがってくる。図形の辺の数と作図に必要な情報数にきまりがあることに気付いた声である。三角形と四角形の作図結果を比較する中から，子ども自らがきまりを帰納的に発見していく見方・考え方も大切な姿である。

　「拡大図の作図に必要な情報数は，三角形は3つ，四角形は5つ。だから，五角形は7つで作図できる」

　作図に必要な情報数が2つずつ増えると考えたのである。この見方を，五角形にも当てはめていこうとする姿も大切である。主体的に図形に向かい合っている姿である。

板書「拡大図・縮図」第5時

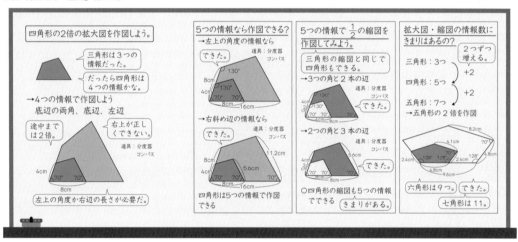

⑥ 比とその利用　第1時「同じ形の秘密を見つけよう」

　基準となる長方形（縦2ます・横3ます）を提示し，それと同じ形を考えさせる。「同じ形」のイメージが子どもによって微妙に異なる。本時はそのイメージの違いを，同じ形の長方形を探す活動を通して顕在化し数学的に整理していくことが大切となる。

　同じ形でイメージされる形は2つある。1つ目は，縦・横ともに同じ長さ（1ます）ずつ伸ばした長方形である。2つ目は，縦・横ともに同じ倍数（2倍）で伸ばした図形である。1ますずつ伸ばした図形も，2倍ずつ伸ばした図形も，どちらももとの図形と同じ形に見えてしまう子どももいる。一方，「なんとなく違う」と違和感を抱く子どももいる。このような気持ちを引き出していくことが大切である。この違和感を解消するために，子どもたちは主体的に動き出すからである。

　この場面では，同じ長さ・同じ倍数の考え方でさらに図形を伸ばしていったらどうなるだろうと，場面を拡張していく見方・考え方を引き出していくことが大切になる。同じ方法で図形を伸ばしていくと，両者の差が明らかとなる。同じ倍数で伸ばすことで，同じ形になることが見えてくる。この見方・考え方は，等しい比にもつながっていく。

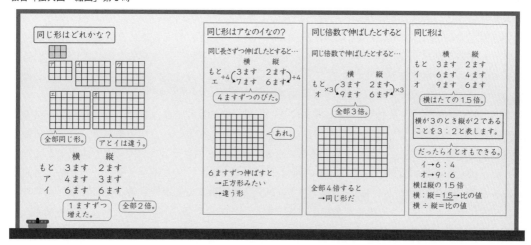

1 対称な図形　第1時「線対称な形のイメージ化」

　導入場面では，「若山や　はるか光は　山や川」という文をいきなり提示する。「俳句の勉強？」と子どもたちは考える。次に，「丸くなるな　車」の文を提示する。この場面で，2つの文に共通するのは回文であることに子どもたちは気付いてくる。この気付きを称賛した後，「11111」の数字を提示する。言葉に置き換えたら，この数字は回文ではない。一方，「回文に見える」という子どももいる。子どもの見方にズレが生まれたのである。ズレが生まれると，子どもたちは主体的に動き始める。回文だという子どもの思いを探っていく。回文だという子どもの論理は，「11111」を数字ではなく形として見ているのである。形と捉えれば，回文（回文図形）に見えてくる。

　形として捉えても回文として見ることできることを共有したところで，二等辺三角形を提示する。この図形を回文と見ることができる子どもと，見ることができない子どもがいるであろう。そこで，どのように見たら回文図形に見えるのかを，クラス全体で考えていくことが大切である。二等辺三角形を回文図形と見るためには，対象の軸や対応する角・辺の見方が必要となる。これらに視点を当てた考え方を価値づけていくことが大切になる。

板書「対称」第1時

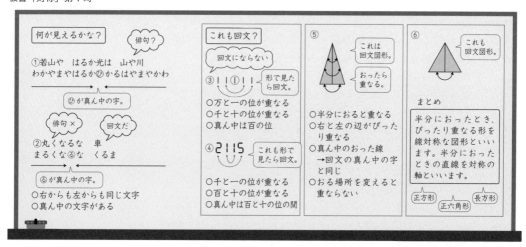

　何か所切ったら切手はバラバラになるのかを考えさえる。切手シートが１列では３カ所，２列では10カ所を切ればバラバラになる。この段階で，「１列から２列になるときに７カ所増えたから，３列も７カ所増えて17カ所でバラバラになるんじゃないかな」という見方を引き出していきたい。子どもの中から３列の話題が生まれくれば，子どもが目的意識をもち主体的に動き出しているといえる。

　実際に確かめると，３列は17か所でバラバラになる。すると子どもたちは，４列も確かめたくなる。４列も７カ所増えて24カ所でバラバラになる。これらの結果から，切手をバラバラにする数も前時までに学習した文字式で表せるのではないかという見方を引き出していくことが大切である。

　１列目は３カ所でバラバラになる。その後は，１列増える度に７カ所増える。列の数をｘと置き換えることで，切る数は「３＋７×（ｘ－１）」と文字式に表すことができる。ここでは，文字式に表して終わるのではなく，その答えの確かさを実際に図形で確かることが大切である。計算結果と図形での確認結果が同じになることに，子どもは喜びを感じる。このような喜び・達成感を味合わせることも大切である。

板書「文字と式」第４時

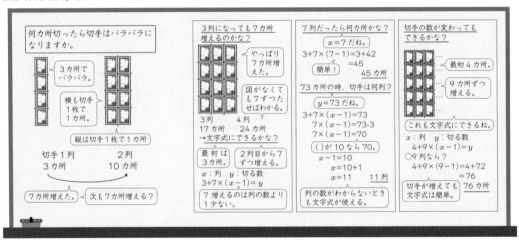

　本書には，他にもたくさんの展開例・板書例が紹介されている。「この授業で，こんな子どもの姿を引き出したい」という思いを読み取り，それぞれの学級の実態に即した工夫を加えることにより，よりよい授業が展開できるのではないかと期待している。

Ⅱ

第 6 学年の算数
全単元・全時間の板書

1 対称な図形 　8時間扱い

単元の目標

・対称な図形の観察や仲間分け，構成を通して，その意味や性質を理解し，図形に対する感覚を豊かにすることができる。

評価規準

知識・技能	①線対称な図形，点対称な図形の定義や性質を理解し，図形についての豊かな感覚をもつことができる。 ②線対称な図形，点対称な図形を作図することができる。
思考・判断・表現	③基本図形を線対称・点対称という観点で考察し，分類整理することで図形に対する見方を深める力を養う。
主体的に学習に取り組む態度	④基本図形を線対称や点対称の観点から着目し，その形を考察しようとし，線対称や点対称の図形の美しさに気づき，生活場面で活用しようとする態度を養う。

指導計画　全8時間

次	時	主な学習活動
第1次 「線対称な図形についての理解」	1	回文の秘密を探る活動を通して，線対称図形にも同様の対称性や対称の軸があることを見つけることができる。
	2	線対称な図形を判断する活動を通して，対称の軸の数や，対称の軸と辺の関係を理解することができる。
	3	紙を折らずに線対称を判断する活動を通して，対称の軸から対応する点や角の大きさを理解することができる。
	4	これまでに学習した線対称な形の性質を活用しながら，線対称な形の作図の仕方がわかる。
第2次 「点対称な図形についての理解」	5	点対称図形を比較する活動を通して，点対称な図形の性質や，対称の中心について理解することができる。
	6	点対称な図形の回転の仕方を考える活動を通して，対称の中心の見つけ方や対応する点の関係を理解できる。
	7	点対称な図形の性質を利用して，点対称な図形を作図することができる。
第3次 「対称な図形についての理解」	8	これまでに学習した点対称や線対称の観点を活用しながら，既習の多角形を分類することができる。

1 対称な図形

2 文字と式

3 分数と整数のかけ算・わり算

4 分数と分数のかけ算

5 分数と分数のわり算

6 比とその利用

7 拡大図・縮図

8 円の面積

9 立体の体積

単元の基礎・基本と見方・考え方

(1)図形の構成要素に着目し，対称図形に必要な条件を見いだす

これまでに学習した基本的な平面図形を中心にして，図形に対する理解をいっそう深めるために対称性という新しい観点から図形を見直し，図形に対する豊かな感覚を身につけさせることが本単元での基礎・基本となる。

対称性については，1つの図形について，線対称，点対称の観点から考察する。線対称な図形とは，1本の直線を折り目として折ったとき，ぴったり重なる図形をさす。線対称の学習では，図形を折らずに線対称な図形であることを判断できるようにすることが大切である。そのために必要な見方・考え方は，図形の構成要素に着目し，それら同士を比較することである。対称の軸に対して，対応する点，対応する辺の長さ，対応する角の大きさがぴったりと重なることを具体的な数値で指摘できることが大切である。中でも対応する辺の長さと角の大きさは，「12cmと12cmで対応する辺の長さが等しい」「50°と50°で対応する角の大きさが等しい」のように具体的な数値で比較することができる。逆に線対称でない場合にも，「12cmと13cmで辺の長さが異なる」「50°と55°で角の大きさが異なる」のように具体的な数値で比較することができる。具体的数値を使って説明していくことも大切である。

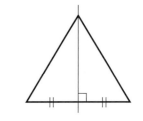

一方，点対称な図形とは，1つの点Oを中心として180°回転したときに重なり合う図形である。点対称な図形を判断する際には，対称の中心点Oを中心とする対応する点，対応する辺の長さ，対応する角の大きさが同じであるかどうかに着目する見方・考え方を引き出すことが大切である。点対称な図形の場合も，対称の中心点から対応する点までの長さを具体的数値で示したり，対応する角の大きさを具体的数値で指摘したりすることも大切である。

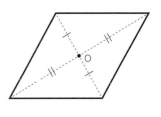

(2)身の回りから対称な図形を見つけ，図形についての理解を深める

図形には均整がとれていて美しいと感じられるものと，均整がとれていなくて不安定感を与えるものがある。これらを取り上げて，均整のとれた美しさ，安定感などの特徴を明確にすることによって線対称や点対称の概念を理解させ，図形の構成要素に着目した図形の見方をいっそう伸ばしていきたい。

そこで，身の回りから対称な図形を見つける活動を通して，図形のもつ美しさや，日常活動に対称な形が用いられていることを実感的に理解できるようにしたい。

例えば，敷き詰められた図形や敷き詰められた模様などを通して，整った形の美しさとして日常生活で見つけたり，植物や動物，装飾品，模様，地図記号や都道府県のマークなど，身の回りから探したりする活動を大切にしていくようにする。

本時案　授業DVD　1/8

線対称な形の
イメージ化

本時の目標

・回文の対称性の秘密を見つける活動を通して，線対称な図形にも回文と同じ特徴と同様の対称性や対称の軸があることを見つけ理解することができる。

授業の流れ

1 何が見えるかな？

「若山や　はるか光は　山や川」
「丸くなるな　車」

　2つの回文を順次板書していく。1問目では，「俳句かな」と考える子どもがいる。しかし，2問目の提示でその予想は覆り回文であることが見えてくる。その後，回文の秘密を見つけていく。

何が見えるかな？　　俳句？

①若山や　はるか光は　山や川
わかやまやはるかⒽかるはやまやかわ

Ⓗが真ん中の字。

俳句×　　回文だ

②丸くなるな　車
まるくなⒼな　くるま

Ⓖが真ん中の字。

○右からも左からも同じ文字
○真ん中の文字がある

2 IIIIIは回文かな？

「IIIII」
「2115」

　平仮名に置き換えると「IIIII」は回文ではない。しかし，形で見ると回文に見えてくる。「回文だと考える友だちの気持ちはわかるかな」と投げかけることで，ちょうど半分に折るとぴったり重なることや，百の位の1が対称の軸に当たる場所になることを発見させていく。

3 （二等辺）三角形も回文かな？

三角形は回文図形だね
半分に折ると重なるね
折った線が真ん中だね

　二等辺三角形を提示し，回文に見えるか考えさせる。「IIIII」と同様に形として捉えれば回文であることが見えてくる。

本時の評価

・回文の特徴分析から見えてきた半分に折ったときにぴったりと重なる視点で図形を見つめ，二等辺三角形と正三角形が線対称な図形になることを理解することができる。

・回文の中心の文字に当たる部分が，二等辺三角形と正三角形では対称の軸になることを理解することができる。

これも回文？

回文にならない

③ | | ① | |

形で見たら回文。

○万と一の位が重なる
○千と十の位が重なる
○真ん中は百の位

④ 2115

これも形で見たら回文。

○千と一の位が重なる
○百と十の位が重なる
○真ん中は百と十の位の間

---

⑤

これは回文図形。

おったら重なる。

○半分におると重なる
○右と左の辺がぴったり重なる
○真ん中のおった線
　→回文の真ん中の字と同じ
○おる場所を変えると重ならない

---

⑥

これも回文図形。

まとめ

半分におったとき、ぴったり重なる形を線対称な図形といいます。半分におったときの直線を対称の軸といいます。

正方形　　長方形
　　正六角形

4 線対称な形，対称の軸といいます

　　正三角形を提示し，回文図形か否かを考えさせる。正三角形も半分に折ると左右が重なることや，対象の軸に当たる部分があることを確認する。

二等辺三角形・正三角形が回文図形であることが確認できたら，「線対称な形」「対称の軸」という用語を教える。

まとめ

　半分に折った時，ぴったり重なる形を線対称な図形といいます。

　半分に折ったときの直線を対称の軸といいます。

　これらの用語を教えた後，線対称な形を探す活動を行う。正方形や長方形，正六角形などの形を見つけてくる。この発見を価値づけることで，自主学習でも線対称な図形を探す学びが連続する姿へとつなげることができる。

1 対称な図形
2 文字と式
3 分数と整数のかけ算・わり算
4 分数と分数のかけ算
5 分数と分数のわり算
6 比とその利用
7 拡大図・縮図
8 円の面積
9 立体の体積

第1時
021

本時案

対称の軸の本数と対応する辺の関係

授業の流れ

1 線対称の図形かな？

上と下で折れば重なるよ

対称の軸が横もあるね

対称の軸の向きはいろいろあるのかな？

　線対称である家型と六角形を順次提示していく。家型は前時と同様に左右に折ることで，対称の軸が中央の縦軸となる線対称であることを確かめることができる。

　一方，②の五角形は左右に折っても重ねることはできない。しかし，対称の軸の位置を変えることに気付けば線対称であることを証明することができる。また，対称の軸の向きに視点を当てた声も引き出したい

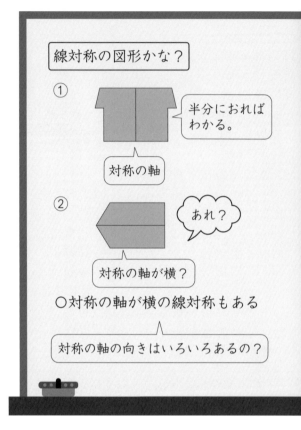

線対称の図形かな？

① 半分におればわかる。

対称の軸

② あれ？

対称の軸が横？

○対称の軸が横の線対称もある

対称の軸の向きはいろいろあるの？

2 対称の軸の向きはいろいろかな？

　対称の軸がいろいろあると考えた子どもたちに長方形を提示する。対称の軸は縦と横の2本ある。軸の本数が複数ある驚きを共有する。

　正方形を提示する。縦と横の対称の軸はすぐに見つかる。斜めの軸を気付けない子どももいるであろう。折り紙などを使って，実際に操作しながら斜めの対称の軸を確認していきたい。

3 軸が2本以上の形はあるかな？

六角形はたくさんありそう

頂点を結べば3本あるね

辺の真ん中を結ぶ線も軸だよ

　正方形の対称の軸は4本あった。この結果から，子どもたちは軸が複数ある図形は他にもあるのだろうかと考える。どのような形が考えられるか，子どもに投げかけてみる。

本時の評価

・線対称の対称の軸は1本だけでなく，2本・4本など図形によってその数が変わることを理解することができたか。また，自ら進んで対称の軸が複数ある図形を探そうとすることができる。

・紙を折らずに対称の軸を探す活動を通して，対称の軸は対応する辺と垂直に交わったり，辺の中点を通ることに気付くことができる。

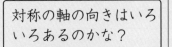
対称の軸の向きはいろいろあるのかな？

③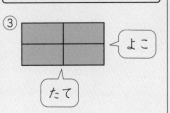
よこ
たて

○対称の軸がたて・横2本

④
よこ
ななめ
たて

○たて・横・ななめ4本

対称の軸が2本以上ある形は他にもあるかな？

頂点を結ぶ。
向かい合う辺の真ん中。

正六角形
○頂点を結ぶ軸が3本
○辺の真ん中を結ぶ軸3本
○合計6本もある！
対称の軸は1本だけではない

おらずに対称の軸を見つけられるかな？

まっすぐ
直角
真ん中

○辺の真ん中を通る
→①〜④も同じ
○辺と対称の軸は垂直
→①〜④も同じ

---

4 折らずに軸を見つけよう

　　紙を折らずに対称の軸を見つけることができるか考えさせる。
　　「上の頂点からまっすぐ線を引く」という子どもが使いたくなる言葉を，「下の辺と垂直になっている」「下の辺の半分の点と結ぶ」という言葉に置き換えさせる。これが，次時でまとめる線対称の特徴にもつながっていく。

まとめ

　　線対称の対称の軸は1本とは限らない。
○二等辺三角形　1本
○長方形　2本
○正方形　4本
○正六角形　6本
などのようにまとめていくと，対称の軸の本数が出てきていない数の図形を探したくなる。
　　折らずに対称の軸を探させることで，軸と辺の関係に目を向けることができる。

1 対称な図形
2 文字と式
3 分数と整数のかけ算・わり算
4 分数と分数のかけ算
5 分数と分数のわり算
6 比とその利用
7 拡大図・縮図
8 円の面積
9 立体の体積

本時案

対称の軸と対応する辺の関係

授業の流れ

1 紙を折らずに線対称か調べよう

線対称じゃないね

軸から頂点アとイまでの長さが違う

角アと角イの大きさが違うよ

　二等辺三角形に似て非なる三角形を提示する。見た目では二等辺三角形にも見える微妙な形である。子どもの判断にはズレが生まれる。そこで，「紙を折らずに調べよう」と投げかける。前時の学習から，対称の軸を底辺に垂直に引くアイディアは生まれる。その後の子どもの対話を通して，対応する頂点までの長さや角の大きさの話題を取り上げ，クラス全体で共有していく。

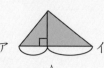

紙をおらずに線対称か調べよう。

①

ア　　　イ

線対称？

びみょう

軸からの長さがちがう。

○対称の軸は垂直

これだけでは決められない。

○対称の軸からアとイまでの長さがちがう
○角アと角イの角度がちがう
　→おったら重ならない

---

2 ①を線対称に直そう

軸から頂点アとイまでの長さを同じにしよう

角アと角イの大きさを同じにしよう

　対称の軸から対応する頂点までの長さ，対応する角の大きさの視点で，①の図形が線対称でないことが見えてきた。そこで，どこを直せば①が線対称な三角形に直るのかを考えさせる。

3 他の図形も2つの見方で分かるかな？

　他の図形も，対称の軸から対応する頂点までの長さや対応する角の大きさの2つの視点で線対称か判断できるか考える。
　教師が図形を提示する前に，子どもから「正六角形」などの例が生まれてきたら，その図形を取り上げて全員で考えていく。

本時の評価

・二等辺三角形に似て非なる三角形が線対称ではないことを証明する活動を通して，対称の軸から対応する頂点までの長さが等しくなること，対応する角の大きさが等しくなることを理解することができる。
・上記視点で，線対称でない図形を線対称に置き換える部分を指摘することができる。

---

①を線対称に直すには？

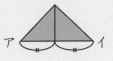

○対称の軸からアとイまでの長さを同じにする
○角アと角イの大きさを同じにする

> 他の線対称も同じかな。

---

②

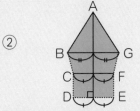

○軸からBとGまでの長さが同じ
○軸からCとFまでの長さが同じ
○軸からDとEまでの長さが同じ
○角Bと角Gは同じ大きさ
○角Cと角Fは同じ大きさ
○角Dと角Eは同じ大きさ

まとめ

> 線対称な図形を対称の軸でおったとき、重なり合う点を対応する点、重なり合う辺を対応する辺、重なり合う角を対応する角といいます。

③

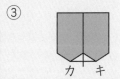

> 対称の軸を伸ばせばいいね。

---

4 対称の軸が短くてもわかるかな？

線対称の特徴をまとめた後，③の図形を提示する。①②の図形は対称の軸と対応する頂点をつなぐ直線は垂直に交わった。しかし，③の頂点カとキを直線で結んでも対称の軸とは交わらない。

「軸から同じ長さか調べられないね」と投げかけ，対称の軸を伸ばすアイディアを引き出していく。

まとめ

「線対称な図形を対称の軸で折ったとき，重なり合う点を対応する点，重なり合う辺を対応する辺，重なり合う角を対応する角といいます。」

このまとめを行った後，1～3時間目に取り上げてきた線対称な図形がすべてこの特徴に当てはまることを確認する。

1 対称な図形
2 文字と式
3 分数と整数のかけ算・わり算
4 分数と分数のかけ算
5 分数と分数のわり算
6 比とその利用
7 拡大図・縮図
8 円の面積
9 立体の体積

本時案

線対称な
図形の作図

授業の流れ

1 線対称な図形を完成させよう

　　　左半分だけの線対称な図形を提
　　示する。線対称な家の形と六角形
　　を順次提示する。
　　　「直線アイを対称の軸とする線
対称な図形の残り半分を完成させよう」
　作図の仕方がすぐにはわからない子どももいる。
そこで，どうやったら残り半分が完成するのかを考
えさせる。既習の線対称の性質を使った作図をする
アイディアが生まれてきたら，その見方・考え方を
価値付ける。
　また，「例えば，カの対応する点は」と，1つの点
の作図の仕方を例示する声が生まれてきた場合は，
その例示を使い作図方法を考えさせる。1つの対応
する点の作図方法が例として見えてくれば，他の場
所の作図方法も考えやすくなる。

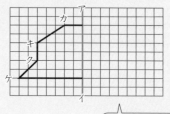

直線アイを対象に軸とする線対称
な図形の残り半分を完成させよう。

右半分を作図

対称の軸から直角に対応する
点をつなげばいいね。

対称の軸から対応する点まで
は同じ長さだね。

2 どうやって完成したのかな？

マス目を使うとなぜ簡単なのかな

分度器がなくても
垂直がすぐわかる

長さを測らなく
てもいい

　対称の軸からのマスの数が同じになることを
押さえる。さらに，マス目を使うと垂直がすぐ
に分かることも確認する。

3 マス目がなくても
作図できるかな？

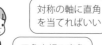

マス目がなくても垂直な線は引け
るかな。折った線が真ん中だね

対称の軸に直角
を当てればいい

三角定規の直角
を使えばいいよ

　マス目がない図を提示し，線対称な図形を完
成できるか尋ねる。対称の軸と対応する頂点同
士の線分をどのように引くかが問いとなる。

本時の評価

・「対称の軸から，対応する点までの長さが等しい」という線対称な図形の性質を活用しながら，作図を行うことができる。
・「対称の軸から，対応する点までを結ぶ直線は垂直に交わる」という線対称な図形の性質を活用しながら，作図を行うことができる。

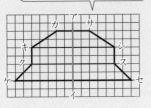

マス目を使うと簡単。

○軸から同じ長さに点を打つ
軸～カ　2マス→サ
軸～キ　5マス→シ
軸～ク　5マス→ス
軸～ケ　7マス→セ
○マス目を使うと垂直がすぐにわかる

マス目がなくても作図できるかな？

垂直が見えない。

三角定規を使おう。

対称の軸に三角定規を当てる。

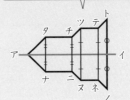

三角定規の直角を当てて対応する点を結ぶ。

○軸から同じ長さに点を打つ
軸～タ　2cm→ナ
軸～チ　2cm→ニ
軸～ツ　3cm→ヌ
軸～テ　3cm→ネ
軸～ト　4cm→ノ
○対応する点をつなぐ垂直な線を引く

4 どうやって完成したのかな？

　　　　対応する点と対称の軸からの長さが等しい性質は，マス目がなくてもすぐに利用できる。しかし，垂直の性質を実際の作図で利用するのは個人の技能差が生まれやすい。
　垂直は分度器よりも三角定規を使う方が簡単に対応する点を見つけることができる。例えば，点テと対応する点の見つけ方を三角定規を使って全員で考えてから，個人の作図作業に入ってもよい。

まとめ

○対称の軸から対応する点までの長さは等しい。
○対称の軸と対応する点を結ぶ直線は垂直に交わる。
　この2点の線対称の性質を使って作図が完成したことを，しっかりと意識化させる。子どもの中から，既習のこれらの性質を話題にする姿が見られたら称賛し，価値付けていくことが大切である。

1 対称な図形
2 文字と式
3 分数と整数のかけ算・わり算
4 分数と分数のかけ算
5 分数と分数のわり算
6 比とその利用
7 拡大図・縮図
8 円の面積
9 立体の体積

本時案

点対称な形の
イメージ化

本時の目標

・複数の点対称の図形を比較する活動を通して，点対称な図形の性質や，対称の中心について理解することができる。

授業の流れ

1 線対称な図形はどれかな？

あれ，おもしろいことがある

全部回しても重なる

1回転して重なるのは当たり前

1回転じゃなくて半分回す

　線対称でもあり点対称でもある4つの図形を提示する。全ての図形が線対称であることは，すぐに分かる。この4つの図形を比較する活動を通して，「おもしろいことがある」という点対称への気付きを引き出していきたい。気付きをすぐに発表させるのではなく，ヒントを言わせながら少しずつクラス全体で共有していく展開が大切である。

線対称な図形はどれかな？

○全部線対称
○対称の軸でおると重なる

あれ，おもしろい！

回す　ぴったり重なる

○1回転ではなく、半分だけ回転
　→180°回転するとぴったり重なる

2 回転すると重なるかな？

　　　180°回転するとぴったり重なる図形があることを発見した子どもたちに，台形を4つ組み合わせた図形を提示する。点対称にも見えるが，上下で台形にズレがあるために点対称には見えない子どももいる。子どもの見方のズレが生まれる。
　そこで，実際に図形を回転させて重なるのかを確かめる。すると，ぴったりと重なることが見えてくる。予想外の図形にも点対称な図形があることに子どもは驚くであろう。

3 点対称な図形は
他にもあるかな？

他の点対称も探そう

教室にもあるかな

　これまでの子どもの発見をもとに，点対称の定義を行う。その後，身の回りや自分で考えた点対称な図形を探させたり，ノートに作図させたりする。ノートに作図させる場合は，正確さを求めず点対称のイメージが伝わればよい程度とする。正確な作図は，次時の課題とする。

本時の評価

・180°回転するとぴったりと重なる図形が点対称な図形であることを，複数の図形の比較を通して理解することができる。

・点対称を探す活動を通して，図形には点対称の性質だけもつものと，線対称の性質も合わせもつものがあることに気づくことができる。

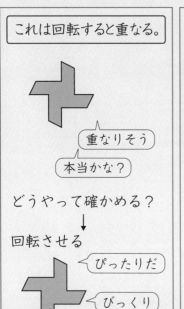

これは回転すると重なる。

重なりそう

本当かな？

どうやって確かめる？
↓
回転させる

ぴったりだ

びっくり

1つの点を中心にして180°回転すると，もとの形にぴったり重なり合う図形を点対称な図形といいます。

他にも点対称の図形はあるかな？

たくさんありそう

教室にもあるかな

点対称な形

時計

線対称でもある

○点対称と線対称

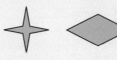

○点対称だけ

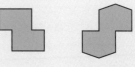

4 点対称な形を見つけたかな？

ひし形も両方だ

時計は点対称と線対称

長方形を2つつなげると点対称だけだね

　時計は点対称でも線対称でもある。点対称・線対称のとつなげて2つの性質をもつ図形と，点対称の性質のみをもつ図形に分けて整理していきたい。

まとめ

　1つの点を中心にして180°回転すると，元の形にぴったり重なり合う図形を点対称な図形といいます。

　点対称の定義を一方的に提示するのではなく，この時間で子どもが見つけたことと関連付けながら定義の意味を確認することが大切である。また，点対称な図形探しを通して，線対称な図形の性質を併せ持つものもあるおもしろさに気づかせたい。

1 対称な図形

2 文字と式

3 分数と整数のかけ算・わり算

4 分数と分数のかけ算

5 分数と分数のわり算

6 比とその利用

7 拡大図・縮図

8 円の面積

9 立体の体積

本時案

対称の中心の見つけ方

・点対称な図形の回転の仕方を考える活動を通して，対称の中心の見つけ方や対応する点の関係を理解することができる。

授業の流れ

1 点対称な図形でしょうか？

> 1つの点だけ押さえて回転してみよう
>
> あれ，うまく重ならない
>
> 微妙にズレているよ
>
> どこを中心にして回転させればいいの？

　合同な台形を2つつなげた形を提示し，点対称か否かを考えさせる。見た目では，点対称であるかどうかは，簡単には判断できない。子どもの思いにズレが生まれてくる。

　子どもは，図形を回転して確かめたくなる。そこで，1カ所だけ押さえて図形を回転することを条件とする。

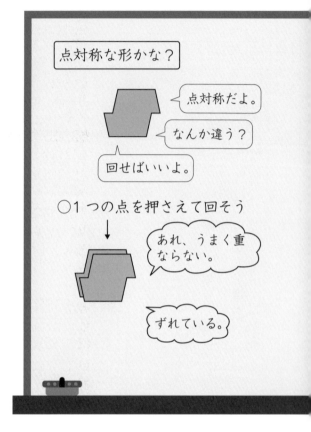

> 点対称な形かな？
>
> 点対称だよ。
>
> なんか違う？
>
> 回せばいいよ。
>
> ○1つの点を押さえて回そう
>
> あれ，うまく重ならない。
>
> ずれている。

2 どこで回すと重なるかな？

> どこで回したらぴったり重なるかな
>
> 回すと重なる点を結ぼう
> 半分に折ると重なるね
>
> 他の点も結ぼう
>
> 真ん中で交わるよ

　適当に回しても，ぴったり重ならない。回転したときに重なる点に気がつけば，対称の中心が見えてくる。

3 他の図形も中心が見つかるかな？

> 先と同じ方法で中心は見つかるかな
>
> 実験したらできた

　中心の見つけ方の学習をもとに，点対称の中心についての定義を行う。その後，他の図形も同じ方法で対称の中心を見つけることができるのか実験を行う。

本時の評価

・180°回転するとぴったりと重なる図形が点対称な図形であることを，複数の図形の比較を通して理解することができる。
・点対称の中心は，対応する点同士を結んだ交点になることや，中心から対応する点までの長さが等しいことに気付くことができる。

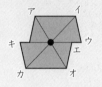

> どこを中心にして回転すればいいの。

> 適当に点を打ってもうまくできない。

○対応する点を直線で結ぶ
○どの線も真ん中で集まる
○集まった場所
　　→対称の中心

> 点対称の180°回転するときの中心となる点を、対称の中心といいます。

他の図形も中心が見つかるかな？

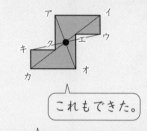

> これもできた。

> 中心は同じ場所で交わる。

> いろいろな形の中心を見つけよう。

> おもしろい！

> 中心からの長さが同じ。

> 最初の形も同じだ。

○対称の中心から対応する点までの長さは等しい

---

4 いろいろな形の中心を見つけよう

さまざまな点対称な図形を提示し，中心を探させる。これらの活動を通して，どの図形にも共通する「対称の中心から対応する点までの長さが等しい」という見方への気付きを引き出したい。

この気付きが，さらに授業冒頭で提示した図形にも広がり，同じ見方が当てはまることに気付かせたい。このような子ども自らが場面を拡張する姿は大いに価値付けたい。

まとめ

　点対称の180°回転するときの中心となる点を，対称の中心といいます。
　対称の中心から対応する点までの長さは等しい。

　点対称の中心は適当に決めると，180°回転したときにぴったりとは重ならない。その思いを出発点に，中心を探す必要性を子どもたちに感じさせることが大切である。

1 対称な図形
2 文字と式
3 分数と整数のかけ算・わり算
4 分数と分数のかけ算
5 分数と分数のわり算
6 比とその利用
7 拡大図・縮図
8 円の面積
9 立体の体積

本時案

点対称な形の作図

本時の目標
・点対称な図形の性質を利用して，点対称な図形を作図することができる。

授業の流れ

1 点対称な図形を作図しよう

線対称なら鏡みたいに作図すればいいから簡単なのに…

Zみたいな形になりそう

対称の中心と頂点をつなぐ長さは同じだよね。それを使えばできそう！

点対称な図形を半分にした図形を提示する。残り半分を完成させようと投げかける。

線対称とは異なり，作図が簡単ではない気付きを引き出し，作図の見通しを考えさせる。

点対称な図形を作図しよう。

線対称なら簡単なのに。

Zみたいな形になりそう。

○対称の中心と頂点をつなぐ
→反対側に同じ長さの線を伸ばす

2 対称の中心と頂点をつなごう

線対称の中心と対応する頂点までの長さが同じという線対称の性質を使って，残り半分の作図を行う。対応する頂点と対称の中心を結ぶ直線の長さがそれぞれ何 cm になるのか，1つ1つ確認することが大切である。

作図で活用した上記の方法は，点対称な図形を探す学習を行った時と関連していることへの気付きも引き出していきたい。

3 半分が三角形の続きを作図しよう

中心がズレている

四角形じゃなく六角形になるね

点対称な図形の半分の形が三角形の続きを作図させる。一見すると，同じ三角形が底辺部分でつながり，四角形ができそうに思える。しかし，対称の中心が底辺の中点ではない。そのため，子どもの予想とは異なる点対称が完成する。

1 対称な図形

2 文字と式

3 分数と整数の かけ算・わり算

4 分数と分数の かけ算

5 分数と分数の わり算

6 比とその利用

7 拡大図・縮図

8 円の面積

9 立体の体積

本時の評価

・対称の中心から対応する点までの長さが等しいという点対称の性質を利用して，点対称な図形を正しく作図することができる。

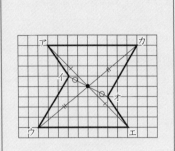

○中心と対応する点を
結ぶ直線は同じ長さ
・ア〜中心＝中心〜エ
・イ〜中心＝中心〜オ
・ウ〜中心＝中心〜カ

線対称な図形を調べると
きと反対だね。

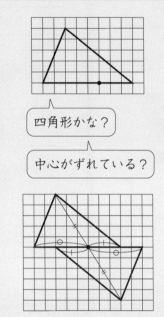

四角形かな？

中心がずれている？

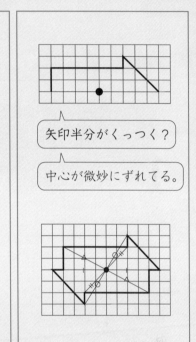

矢印半分がくっつく？

中心が微妙にずれてる。

4 矢印の半分の続きを作図しよう

中心が微妙にズレている

半分の矢印がズレた形だね

　矢印半分の図形を提示し，続きを作図させる。三角形の続きの作図で，対称の中心の位置が大切であることを意識していれば，単純に同じ矢印が反対側につながるとは考えないだろう。対称の中心の位置への気付きの視点を価値づけていきたい。

まとめ

　点対称図形の作図では，対称の中心から対応する点までの長さが等しいという，点対称の性質を活用することで作図ができる。このポイントを，複数の点対称な図形の作図を通して確実に共通理解させることが大切である。

　子どもの中には作図前に抱いた完成イメージに沿って，上記性質を活用せずに作図を進める子どもがいる。作図活動の際の見取りが大切である。

本時案

対称な観点からの多角形理解

8/8

本時の目標

・これまでに学習した点対称や線対称の観点を活用しながら，既習の多角形を分類することができる。

授業の流れ

1 習った四角形は線対称か点対称かな？

ひし形は点対称と線対称の両方だね

対称の軸は2本あるね

既習の四角形を取り上げ，対称の観点から分類させる。

線対称な図形については，対称の軸とその本数を求めさせる。点対称については，対称の中心をかき入れさせる。

台形の場合は，等脚台形は線対称な形であるが，一般の台形はそうではないことを確認する。

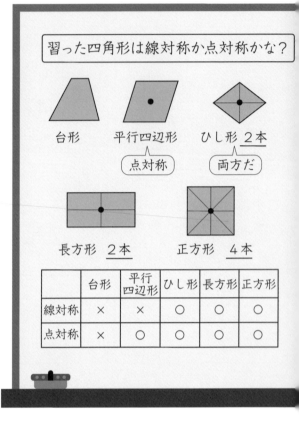

習った四角形は線対称か点対称かな？

台形　平行四辺形　ひし形 2本

点対称　両方だ

長方形 2本　正方形 4本

	台形	平行四辺形	ひし形	長方形	正方形
線対称	×	×	○	○	○
点対称	×	○	○	○	○

2 習った三角形も分類しよう

正三角形は点対称ではないけど120°回転すると重なるね

本当だ！おもしろい

既習の三角形を取り上げ，対称性の観点から分類させる。四角形のときと同様に，対称の軸とその本数を求めさせる。正三角形は120°回転すれば重なるおもしろさにも触れたい。

3 正多角形も分類しよう

正多角形を取り上げ，対称の観点からその性質を見直していく。

この活動を通して，点対称な図形になるのは偶数角形の場合だけであるおもしろさに気付かせていく。この声をきっかけに，「正十角形だったら」「円だったら」という場面を拡張する声も引き出していきたい。また，線対称の軸の本数と多角形の角の数が等しくなるおもしろさにも気付かせたい。

1 対称な図形

2 文字と式

3 分数と整数のかけ算・わり算

4 分数と分数のかけ算

5 分数と分数のわり算

6 比とその利用

7 拡大図・縮図

8 円の面積

9 立体の体積

本時の評価

・既習の図形を，線対称・点対称の観点から見直すことができる。

・正多角形の分類活動を通して，角の数が偶数の場合は点対称と線対称の両方の性質があることが分かり，さらにこの気付きをもとに，子ども自らが図形を拡張し気付きの一般性を確かめることができる。また，円は対象の軸が無限にあることに気付くことができる。

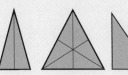

習った三角形も分類しよう。

二等辺三角形 1本　正三角形 3本　直角三角形

120°回転すると重なる。

	二等辺三角形	正三角形	直角三角形
線対称	○	○	×
点対称	×	×	×

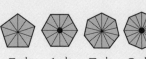

正多角形も分類しよう。

5本　6本　7本　8本

点対称は正六・八角形。

辺が偶数だと点対称。

	正五角形	正六角形	正七角形	正八角形
線対称	○	○	○	○
点対称	×	○	×	○

正十多角形も点対称？

十角形だから10本。

10本

やっぱり点対称。

円は？

点対称、線対称の両方。

対称の軸は無限。

4 正十角形は点対称なのかな？

　偶数角形が点対称な図形ではないかという気付きをもとに，正十角形を調べる。

　また，角の数をさらに増やしていくと円に近づく。そこで，円の性質についても見直していく。円は，線対称でもあり点対称でもある。さらに，対称の軸は無限に存在するおもしろさにも気付かせていく。

まとめ

　既習の図形を点対称と線対称の観点で見直していく。

　この活動を通して，正多角形の場合は角が偶数の場合は，点対称でもあり線対称でもあるおもしろさへの気付きを引き出す。その後，子ども自らが角数を拡張して図形を作図して，そのおもしろさをさらに実感していくような深い学びへとつなげていきたい。

2 文字と式　　(5時間扱い)

単元の目標

・数量の関係を表す言葉や□，△などのかわりに，a や x などの文字を用いて式に表したり，文字に数をあてはめて調べたりすることができる。

評価規準

知識・技能	①問題場面の数量の関係を a，x などの文字を用いて式に表して，式の値や文字にあてはまる数の求め方を理解して，求めることができる。
思考・判断・表現	②問題場面の数量関係に着目して，数量の関係を，文字を用いて簡潔かつ一般的な式に表現したり，式の意味を読み取ったりする力を養う。
主体的に学習に取り組む態度	③問題場面の数量の関係を，文字を用いて式に表すよさに気づき，関係を考察したり表現したりしようとする態度を養う。

指導計画　全5時間

次	時	主な学習活動
第1次「文字式の意味」	1	変化する長方形のまわりの長さを考える活動を通して，変化する数量の関係を文字を用いて式に表すことができる。
	2	変化するご石の総数から共通点に気づき，a や b などの文字を用いて式に表すことができる。
第2次「いろいろな数をあてはめて」	3	文字にいろいろな数をあてはめる活動を通して，式が表す意味を図と関連付けながら考えることができる。
	4	切手シートをバラバラにする切断数を考える活動を通して，文字式を活用して問題を解決することができる。
第3次「文字式の活用」	5	グラウンドと地球の円周の差を考える活動を通して，文字式を使って「なぜ」を説明することができる。

単元の基礎・基本と見方・考え方

⑴ 4 年生とのつながり

　第 4 学年では，数量を□，△などを使って表し，その関係を式に表したり，□，△などに数を当てはめて調べたりすることを学習している。この学びの上に，第 6 学年では，数量を表す言葉や□，△などのかわりに，a や x などの文字を用いて式に表し，文字の使い方に次第に慣れることができるようにする。

⑵ 文字式を使う必要感を引き出す

　文字式を使う学習で大切なことは，文字式を使わせるのではなく，子どもが文字式を使いたくなる状況を設定することである。

　第 1 時の「未知数を文字式で表そう」では，縦18 cm・横10 cm の長方形が横につながっていったとき，まわりの長さが216 cm の場合の長方形の数を考えさせる。縦の長さは18 cm で固定されている。一方，横の長さは変化していく。そのため長方形が横に何個並ぶかはわかりにくい。このような状況に出会ったときに，子どもたちは未知数を□として式化したくなる。この問題では，「18× 2 ＋□ × 2 =216」と立式したくなる。このような立式ができれば，式変形を進めていくことで□の数値を求めていくことができる。この過程を子どもたちが体験することで，文字式のよさを実感することができる。この実感がすなわち，未知数を文字式に置き換えることで混沌とした問題を簡潔に表現できるという見方・考え方を引き出すことへとつながっていく。

⑶ 文字を使うことで式の一般化ができる見方・考え方を引き出す

　第 2 時「ご石の数は全部でいくつ」では，1 辺のご石の数を a 個，全体の数を b 個として，例えば「$a×3－3＝b$」のような式を作る。この中の a や b は変量を表し，ある範囲の数をいろいろにとりうるものである。

　1 辺のご石の数が10個の場合の式は「10× 3 － 3 ＝27」となる。1 辺が51個の場合は「51× 3 － 3 ＝150」となる。これらの式を複数提示する中から共通して変化する部分があることに気付かせる見方・考え方を引き出すことが大切である。この共通点こそ，変数そのものである。その変数を a や b の文字に置き換えることで，「$a×3－3＝b$」のような一般化した式にすることができる。このように式を一般化することで，ご石の数がいくつの場合でもその総数を求めることができる。

⑷ 文字式のイメージ化を豊かにする

　第 3 時の「どんな形になるかな？」では，台形の面積を求める式を「$(a+b) ×4÷2$」と表し，この式の a と b にいろいろな数を当てはめることで，どんな形になるか，どんな形に変身するか考える。

　a や b の値によって，できる図形は台形だけではないことに気付かせていくことが大切である。同じ文字式であるにもかかわらず，長方形や平行四辺形，三角形の図形もできることを気付かせていくことが大切である。文字式を単なる式操作だけで終わらせるのではなく，その式が意味することを図としてイメージ化することが大切である。

本時案

未知数を文字式で表そう

1 / 5

授業の流れ

1 長さは何 cm ですか？

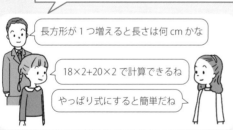

まわりの長さは何 cm かな

縦と横の長さがわかるから，式で求められるね

18×2+10×2 で求められるね

(18+10) ×2 でも求められるね

式で考えたのがすばらしいですね

　意図的に曖昧な問題文を提示する。子どもから「どこの長さなの」という問題意識を引き出すためである。

　長方形のまわりの長さを求めさせる。「式にできる」という声を引き出し，価値付けていきたい。式化の発想を価値付けることが，文字式を使う見方へとつながっていくからである。

長さは何 cm ですか？

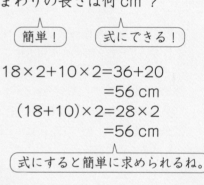

どこの長さ？

縦横はわかる。

①まわりの長さは何 cm ？

簡単！　　式にできる！

$$18×2+10×2=36+20$$
$$=56\,cm$$
$$(18+10)×2=28×2$$
$$=56\,cm$$

式にすると簡単に求められるね。

2 長方形が 1 つ増えると長さは？

長方形が 1 つ増えると長さは何 cm かな

18×2+20×2 で計算できるね

やっぱり式にすると簡単だね

　長方形が右横に増えた場合のまわりの長さを考えさせる。いずれも，式化することで長さを簡単に求めることができる。式の意味を読解させた上で，式化するよさを実感させることが大切である。

3 まわりの長さが216 cm のとき，長方形は何個つながるの？

　まわりの長さが216 cm の場合の，長方形の数を考えさせる。これまでとは逆思考の問題である。ここでそれまでの式が使えるという見方を引き出し，価値付けることが大切である。

　横の長さが分からないことから，既習の□を使った式の見方を使えば解けそうだという見方を引き出していきたい。□の代わりに x を使い，再度，問題場面を式に置き換えていきたい。

1 対称な図形

2 文字と式

3 分数と整数のかけ算・わり算

4 分数と分数のかけ算

5 分数と分数のわり算

6 比とその利用

7 拡大図・縮図

8 円の面積

9 立体の体積

本時の評価

・数量の関係の問題場面を，式を使うことで簡単に表現することができたか。また，その場面を□を使って式にしようと考えることができたか。
・□のかわりに文字を用いて式に表すことができたか。

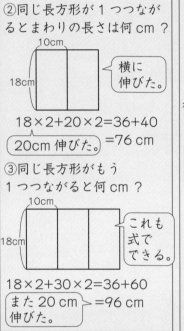

②同じ長方形が1つつながるとまわりの長さは何cm？

10cm
18cm

横に伸びた。

$18 \times 2 + 20 \times 2 = 36 + 40$
20cm伸びた。 $= 76$ cm

③同じ長方形がもう1つつながると何cm？

10cm
18cm

これも式でできる。

$18 \times 2 + 30 \times 2 = 36 + 60$
また20cm伸びた。 $= 96$ cm

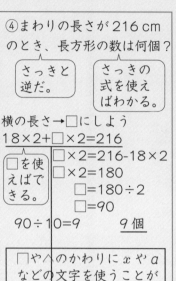

④まわりの長さが216cmのとき、長方形の数は何個？

さっきと逆だ。

さっきの式を使えばわかる。

横の長さ→□にしよう

$18 \times 2 + □ \times 2 = 216$
□を使えばできる。 $□ \times 2 = 216 - 18 \times 2$
$□ \times 2 = 180$
$□ = 180 \div 2$
$□ = 90$

$90 \div 10 = 9$　　9個

□や△のかわりに x や a などの文字を使うことがあります。

$18 \times 2 + x \times 2 = 216$
$x = 90$

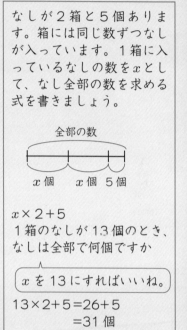

なしが2箱と5個あります。箱には同じ数ずつなしが入っています。1箱に入っているなしの数を x として、なし全部の数を求める式を書きましょう。

全部の数

x個　x個　5個

$x \times 2 + 5$

1箱のなしが13個のとき、なしは全部で何個ですか

x を13にすればいいね。

$13 \times 2 + 5 = 26 + 5$
$= 31$個

4 なしの数を x にして式に表そう

箱が2つだから $x \times 2$

あと5個あるから $x \times 2 + 5$ だね

図の中に、 $x \times 2$ と $+5$ が見えるね

□と x は意味は同じであるが，文字式になった途端に難しく感じる子どももいる。そこで，問題場面を図に表すことで， x を使った文字式の意味を視覚的に捉えさせることが大切である。

まとめ

文字式を形式的に教えるのではなく，子どもたちが問題場面を主体的に式に表してみたい，式を使うと簡単に答えが求められそうだという思いを引き出す。式化したい思いが強いからこそ，未知数である x を式で求められる価値をよりよく実感することができる。

本時では式化した発想や□を使った式化を発想した見方を価値づけることが大切である。

本時案

碁石は全部で いくつかな？

本時の目標

・数量の関係を，□や○のかわりに文字を用いて式に表すことができるようにすることができる。

授業の流れ

1 碁石は全部でいくつかな？

1個ずつ数えるのは面倒だね

式にして計算したら簡単にできるよ

5×3-3 の式の人はどう考えたのかな？

1辺に碁石は5個あるね

角がだぶっているから3個引いた

碁石の総数を尋ねる。この場面では，1個ずつ数えるのではなく，式化することで簡単に総数が分かるという見方を引き出していくことが大切である。この見方が，文字式を使う必要感へとつながっていくからである。

式化ができた後は，図だけを見せて式を予想させたり，式だけを見せて図を予想させたりする展開も大切である。

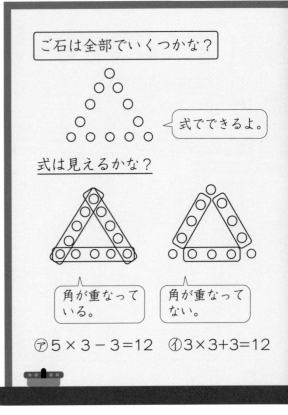

ご石は全部でいくつかな？

式でできるよ。

式は見えるかな？

角が重なっている。

角が重なってない。

㋐ 5×3－3＝12 　㋑ 3×3＋3＝12

2 1辺が10個なら全部で何個？

10個になっても，㋐と同じ式が使えるね

㋑の式も変わるのは1カ所だけだね

㋐の式で変わるのは最初だけだね

式化したときに，変数として変わる部分と変わらない部分があることへの気づきを引き出すことが大切である。

3 1辺が何個でもできるかな？

1辺の数が何個でも碁石の総数が求められるか投げかける。子どもに自由に碁石の数を言わせる。それらの中の1〜2つの数を取り上げ計算をさせる。いずれの場合も，式の数値が変わる部分が同じ場面であることへの気づきを引き出していく。

同じ部分が変数として変わる気づきをもとに，a と b をもとに文字式に式を表現していく。文字式ができたら，1辺の碁石の数をいろいろと変えて，碁石の総数を求めてみる。

1 対称な図形

2 文字と式

3 分数と整数のかけ算・わり算

4 分数と分数のかけ算

5 分数と分数のわり算

6 比とその利用

7 拡大図・縮図

8 円の面積

9 立体の体積

本時の評価

・碁石の総数を求める式を考える活動を通して，式の共通点に気付くことができたか。

・碁石の総数の求め方を，□や○のかわりに文字を用いて式に表すことができたか。

1辺が10個なら全部で何個

やっぱり式が簡単。

式 $\boxed{10} \times 3 - 3 = 27$

ここだけ変わった。

→ ㋐ と同じ考え方

式 $\boxed{8} \times 3 + 3 = 27$

ここだけ変わった。

→ ㋑ と同じ考え方

1辺が何個でもできるかな？

51個もできそう。

100個もできる。

○51個なら全部で何個かな

式 $\boxed{51} \times 3 - 3 = 150$ → ㋐と同じ

ここだけ変わった。

式 $\boxed{49} \times 3 + 3 = 150$ → ㋑と同じ

ここだけ変わった。

1辺のご石を a 個

全部の数を b 個

㋐ $a \times 3 - 3 = b$

㋑ $(a-2) \times 3 + 3 = b$

どんな考えかわかるかな？

式 $(a-1) \times 3 = b$

なんで1を引いているの？

$a-1$ が3個分。

$a=5$ なら？

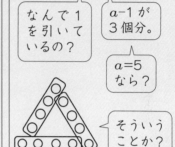

そういうことか？

→51個もできるかな？

式 $(51-1) \times 3 = 150$

簡単だね。

文字式は便利だね。

4 どんな考えか分かるかな？

これまでに取り上げられていない文字式を提示し，式から考え方を読解させる。$a-1$ に着目させることで，文字式の意味が見えてくる。式の読解ができた後で，a にどのような数を入れても計算ができるのか計算させてみる。

これらの一連の計算活動を通して，変数がある計算では文字式に置き換えることで簡単に計算できることを実感させることが大切である。

まとめ

正三角形に並ぶ碁石の数を求める問題を考えさせる。1つ解決したら，1辺の数を増やした図を提示して碁石の総数を求めさせる。碁石の数が何個になっても同じ形の式で求められることに気付かせることが大切である。

いつも同じ形の式で求められることから，正三角形の1辺の碁石の数と碁石の総数の関係を文字式に表し，碁石の総数の求め方を一般化していく。

本時案

どんな形に
なるかな？

授業の流れ

1 式は何を表しているかな？

$(a + b) \times 4 \div 2$ の式を提示し，式の意味を投げかける。$(a + b)$ という式があることから，台形の公式であることが見えてくる

台形の公式であることが分かったら，どんな台形か考えさせる。文字式であるため，a と b に好きな数字を代入すれば，何通りもの台形ができることに気付かせていきたい。その後，子どもたちに好きな数字を考えさせ，ノートに文字式を使った台形の面積を求めさせる。

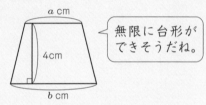

$(a + b) \times 4 \div 2$ の式は何を表しているかな？

台形の公式だ

いろいろな台形ができるね。

○台形の公式
上底：a cm 下底：b cm 高さ：4 cm
→a と b に好きな数を入れて面積を計算しよう

a cm

4cm

b cm

無限に台形ができそうだね。

例 $(2 + 4) \times 4 \div 2 = 12$cm^2
　$(3 + 5) \times 4 \div 2 = 16$cm^2

2 $a = b$ ならどんな形になるかな？

文字式に数字を当てはめて形の面積を求める中で，「$a = b$ だと台形にならない」という気付きを引き出していきたい。この声を生かし，「$a = b$ ならどんな形になるかな」と投げかけ，ノートに作図をさせてみる。

長方形と正方形を作図する子どもは多いであろう。それらを文字式に当てはめて計算した結果と，それぞれの面積の公式に当てはめて計算した結果が同じことを実感させていきたい。

3 正方形・長方形じゃない形もあるの？

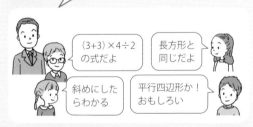

$(3+3) \times 4 \div 2$ の式だよ

長方形と同じだよ

斜めにしたらわかる

平行四辺形か！おもしろい

$a = b$ の作図をする中から長方形・正方形以外の図形ができることに気づかせる。式だけ見ると長方形と同じである。そこで，ヒントを言わせながら平行四辺形であることに気づかせていきたい。

本時の評価

・台形の面積公式から生まれた文字式にいろいろな数を当てはめることで，式の表す意味を捉えるとともに，式から生まれる図をイメージ化することができる。

・1つの文字式から，台形以外の図形も構成できることに気づくことができる。

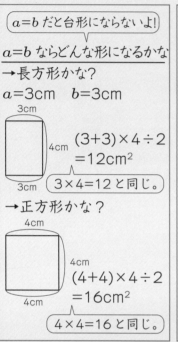

$a=b$ だと台形にならないよ！

$a=b$ ならどんな形になるかな
→長方形かな？

$a=3cm$　　$b=3cm$

3cm

4cm

3cm

$(3+3)\times4\div2$
$=12cm^2$

$3\times4=12$ と同じ。

→正方形かな？

4cm

4cm

4cm

$(4+4)\times4\div2$
$=16cm^2$

$4\times4=16$ と同じ。

正方形・長方形じゃない形もあるよ。

そんな形はあるの？

正方形・長方形じゃない式
→ $(3+3)\times4\div2=12cm^2$

長方形と同じだよ！

3cm

4cm

3cm

平行四辺形か！

公式：$3\times4=12$
と同じ面積

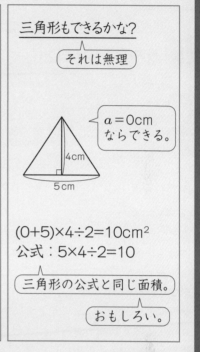

三角形もできるかな？

それは無理

$a=0cm$ ならできる。

4cm

5cm

$(0+5)\times4\div2=10cm^2$
公式：$5\times4\div2=10$

三角形の公式と同じ面積。

おもしろい。

---

4 三角形もできるかな？

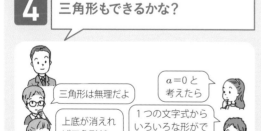

三角形は無理だよ

$a=0$ と考えたら

上底が消えれば三角形だ

1つの文字式からいろいろな形ができておもしろい

　文字式に数字を当てはめる中から，三角形もできる気づきを引き出したい。三角形をイメージすることは難しい場合は，上底が0になるとしたらとヒントを提示してに気づかせたい。

まとめ

　台形の面積を文字式で表して，上底と下底の文字にいろいろな数を当てはめて面積を求める。その際，式の意味を考えさせることが大切である。

　上底＝下底になる場合には長方形，正方形，平行四辺形を表すこと，上底が0の場合は三角形を表すことに気づかせていきたい。これらの活動を通して，台形の文字式から台形以外の図形も見えてくる面白さを味わわせていく。

1 対称な図形

2 文字と式

3 分数と整数のかけ算・わり算

4 分数と分数のかけ算

5 分数と分数のわり算

6 比とその利用

7 拡大図・縮図

8 円の面積

9 立体の体積

何カ所切れば
いいかな？

本時の目標

・切手シートをバラバラにするには何カ所切ればよいのかを考える活動を通して，文字式を活用して問題を解決することができる。

授業の流れ

1 何カ所切ったら切手はバラバラ？

2列になると10カ所切ればいいね

1列のときよりも7カ所増えたね

だったら，切手が3列になっても7カ所増えそうだね

2列つながった場合は，切手1枚の辺につき1カ所と数えるルールを確認する。切手2列のシートをバラバラにするには，10カ所の辺を切ることが必要になる。

2列のシートを切る結果が見えた時点で，7カ所切る数が増える見方や，3列のシートの時も7カ所増えるのではないかという見方を引き出すことが大切である。これらの見方が，文字式へとつながっていく。

何カ所切ったら切手はバラバラになりますか。

3カ所でバラバラ。

横も切手1枚で1カ所。

縦は切手1枚で1カ所

切手1列　　　　2列
3カ所　　　　10カ所

7カ所増えた。　次も7カ所増える？

2 3列になっても7カ所増える？

切手が3列になっても切る数が7カ所増えるのかを図で確認する。子どもの予想通り7カ所増えることから，切手の列が増えても同じきまりで切る数がわかる気づきや，図が必要ない気づきを引き出していくことが大切である。

この気づきをもとに，見つけたきまりを使えば文字式を作ることができるというきまりを引き出していきたい。また，文字式ができた後は，式が表す数字の意味をしっかりと読解することも大切である。

3 7列だったら何カ所かな？

xに7を入れると何カ所切るかわかるね

図がなくてもわかるから簡単だね

7列だったら何カ所切ればよいのかを考えさせる。x が列数であることから，$3+7×(7-1)$ で求められる。図を作図する必要のない文字式のよさを実感させることが大切である。切る数が73カ所の場合も，文字式で列数を求めることができる。

本時の評価

・切手シートをバラバラにするには何カ所切ればよいのかを考える活動を通して，変わる数と変わらない数があることに気づくことができたか。

・切手の列数の変化で見つけた変わる数，変わらない数をもとに，その変化を文字式に表し，文字式を活用して問題解決をすることができたか。また，文字式のよさを実感することができたか。

3列になっても7カ所
増えるのかな？

やっぱり
7カ所増
えた。

図がなくて
も7ずつた
せばわかる。

3列 4列
17カ所 24カ所
→文字式にできるかな？

最初は
3カ所。

2列目から7
ずつ増える。

x：列 y：切る数
$3+7×(x-1)=y$

7増えるのは列の数より
1少ない。

7列だったら何カ所かな？

$x=7$ だね。

$3+7×(7-1)=3+42$
$=45$

簡単！ 45カ所

73カ所の時、切手は何列？

$y=73$ だね。

$3+7×(x-1)=73$
$7×(x-1)=73-3$
$7×(x-1)=70$

（ ）が10なら70。

$x-1=10$
$x=10+1$
$x=11$ 11列

列の数がわからないとき
も文字式が使える。

切手の数が変わっても
できるかな？

最初4カ所。

9カ所ずつ
増える。

これも文字式にできるね。

x：列 y：切る数
$4+9×(x-1)=y$
○9列なら？
$4+9×(9-1)=4+72$
$=76$

切手が増えても
文字式は簡単。 76カ所

---

4 切手の数が変わってもできる？

縦5個の時は$4+9×(x-1)=y$だね

xが9なら何カ所？

切手の数が変わっても
文字式は簡単だね

切手が縦に5個並んだ場合を考えさせる。文字式に置き換えた後，xやyの値を子どもから引き出し，計算を進めていくことで文字式のよさをさらに実感させていきたい。

まとめ

切手シートをバラバラにするには1列の場合から順に考えることで定数と変数があることに気づかせる。その上で，切手の列数が増えた場合には文字式を使うと簡単に切る数が求められそうだという見方を引き出し，そのよさを実感させていくことが大切である。

文字式は使わせるのではなく，子どもがそれを使いたくなるように授業を展開することが大切である。

1 対称な図形
2 文字と式
3 分数と整数のかけ算・わり算
4 分数と分数のかけ算
5 分数と分数のわり算
6 比とその利用
7 拡大図・縮図
8 円の面積
9 立体の体積

本時案

何 m 長くなるかな？

授業の流れ

1 1 m 外側は内側より何 m 長い？

1 m外側だと10m位長くなりそう

そんなに長いかな 3 m位じゃない

計算したら6.28m

意外に差が大きいんだね

　差の予想をさせ，子どもの思いにズレがあることを実感させることで，計算したいという気持ちを高めさせることができる。

　直線部分は同じ長さであることから，カーブの合計の円の長さの差を求めればよいことに気づかせる。

　差を計算で求めた後，子どもたちはその結果をどう感じるであろうか。その思いを板書に残しておきたい。

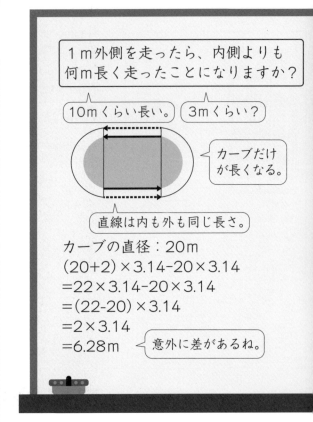

1 m外側を走ったら、内側よりも何m長く走ったことになりますか？

10mくらい長い。

3mくらい？

カーブだけが長くなる。

直線は内も外も同じ長さ。

カーブの直径：20m
(20+2)×3.14−20×3.14
=22×3.14−20×3.14
=(22−20)×3.14
=2×3.14
=6.28m

意外に差があるね。

2 地球の 1 m 外側なら何 m 長い？

　対象が莫大に大きな地球になるため，グラウンドの差の何百倍・何千倍になると考える子どもが多くいるであろう。計算前に，予想を全員に持たせることが大切である。

　実際に計算してみると，差はグラウンドと同じ6.28 m となる。予想外の結果に子どもたちは驚くであろう。その驚きから，なぜグラウンドと同じ長さなのかなという疑問を引き出していきたい。

3 どうして同じ6.28 m なの？

グラウンドと地球の式は似ているよ

直径を x にして文字式にしてみよう

最後は 2×3.14 だから 6.28m なんだ

　両者の差を求める式を比較させ，似ている部分があることに気づかせる。この気づきをもとに文字式にすることで，2×3.14の式が最後に残ることが理由であることを発見させていく。

本時の評価

・グラウンドと地球の半径が 1 m 長くなった場合の円周の長さの増加分が等しくなる不思議さの原因を考える活動を通して， 2 つの式に共通点があることに気づくことができる。

・2 つの式を文字式に置き換えることで，式変形することで 2 ×3.14になることに不思議さの原因があることを納得することができる。

地球の 1 m 外側を走ったら表面より何m長い？

グラウンドの何百倍。

何十km？

直径　約1280万m

(12800000+2)×3.14-12800000×3.14
=12800002×3.14-12800000×3.14
=(12800002-12800000)×3.14
=2×3.14
=6.28m

グラウンドと同じ。

なんで同じになるの？

どうして同じ6.28m なの？

グラウンドと地球の式が似ている。

直径をxmにして考えたら

直径＝xmにして
文字式で考えよう
$(x+2)×3.14-x×3.14$
$=\bcancel{x×3.14}+2×3.14-\bcancel{x×3.14}$
=2×3.14
=6.28

直径が何mでも
6.28mになる。

直径を変えて計算しよう。

ものすごく小さい円でも6.28mになるんだね。

そんなに差があるかな？

(1+2)×3.14-1×3.14
=3×3.14-1×3.14
=(3-1)×3.14
=2×3.14
=6.28m

小さくても6.28m。

全部同じとはおもしろい！

---

4 直径を変えて計算しよう

直径 1 mでも 6.28 mになるはずだね

1 mなのにそんなに差があるかな

計算すると 6.28m。全部同じなんておもしろい

　1 mの極小の円では，文字式上は6.28 mと納得していても考えが揺れる子どもがいる。計算することで文字式の妥当性を納得することも大切である。

まとめ

　1 m 外側に大きくなったグラウンドと地球の対照的な大きさの図形の差を考える。多くの子どもの予想とは異なり，差が等しくなることに子どもは驚く。

　子どもが感じた驚きをそのままにせず，差を求める 2 つの式を比較する中から共通点が存在することに気づかせる。さらに，それらの式を文字式に置き換えることで，驚きの理由が 2 ×3.14という式にあることに気づかせることが大切である。

1 対称な図形

2 文字と式

3 分数と整数のかけ算・わり算

4 分数と分数のかけ算

5 分数と分数のわり算

6 比とその利用

7 拡大図・縮図

8 円の面積

9 立体の体積

3 分数と整数のかけ算・わり算　(6時間扱い)

単元の目標
・乗数や除数が整数の場合の分数の計算の意味を理解するとともに，その計算の仕方を具体物や図，式などを用いて見いだし計算することができる。

評価規準

知識・技能	①乗数や除数が整数の場合の分数の乗法及び除法の意味と計算のしかたを理解して，計算をすることができる。
思考・判断・表現	②乗数や除数が整数の場合の分数の乗法及び除法の意味や計算のしかたを，具体物や図，式を用いて考える力を養う。
主体的に学習に取り組む態度	③乗数や除数が整数の場合の分数の乗法及び除法の計算のしかたを考え，それを活用しようとする態度を養う。

指導計画 全6時間

次	時	主な学習活動
第1次「分数×整数の計算」	1	分数×整数の計算をいろいろな方法で考えることができる。
	2	真分数，仮分数のかけざんの計算の仕方を考える活動を通して，分数のかけ算の計算方法の一般化を図ることができる。
	3	帯分数×整数の計算方法を考え，整数と分数に分けたり，仮分数に直したりして計算することができる。
第2次「分数÷整数の計算」	4	分数×整数の計算方法から類推したり，図を使ったりしながら，分数÷整数の計算の仕方を考えることができる。
	5	分子が割り切れない分数÷整数の計算方法を，分数の性質や図を使って考えることができる。
	6	分数÷整数の計算において，約分をして計算したり，帯分数÷整数の計算の仕方を考えたりすることができる。

単元の基礎・基本と見方・考え方

⑴分数と整数・小数の計算の意味をつなげる

　分数 × 整数，分数 ÷ 整数の意味は，これまでに子どもたちが学習を進めてきた整数の乗法・除法及び，小数の乗法・除法と同じ考え方で説明していくことができる。

　分数に整数をかける計算は，同じ数をいくつ分かたしていく同数累加の考え方を当てはめることで処理ができる。従って，同分母分数の加法で考えられることから，単位とする分数が（分子 × 整数）個分あるという考え方で処理できる。

　分数を整数でわる計算は，等分した１つ分の大きさを求める計算と考えることができる。分子は単位となるものの個数を表しているので，分子をわればよいという考えは子どもから自然に生まれてくるであろう。また，分数 × 整数の学習では分子同士をかけ算することで計算ができることを学んでいる。かけ算での計算の仕方を類推的に当てはめていく見方・考え方も大切である。これらの見方にたてば，$\frac{4}{5} \div 2$ は $\frac{4 \div 2}{5}$ と考えることで計算ができる。しかし，「分母 ÷ 分母がわりきれない数字になったらどうしたらいいのだろう」という疑問が生まれてくる。対象となる場面を拡張して考えている姿である。このような見方・考え方を引き出すことも大切である。分母同士が割り切れない場合は，第５時にもあるように分数のきまりを活用し，われる数字に倍分することで計算を行うことができる。このように既習のきまりを活用していく見方・考え方も大切になる。

⑵分数の計算の意味を図とつなげる

　分数 × 整数も分数 ÷ 整数も，既習の計算とつなげて考えることで，計算自体は行うことができる。この場面で大切なことは，それらの計算の意味を図を使って考えていくことにある。

　例えば，$\frac{4}{5} \times 3 = \frac{12}{5}$ と計算したのであれば，この計算の正しさを右のような面積図などを活用することで見いだしていくことが大切である。$\frac{4}{5}$ L は図のどこの部分か，３倍する意味が図のどこに見えるのか，答えの $\frac{12}{5}$ L とは図のどこの部分か，答えの基準の大きさとなる $\frac{1}{5}$ L は図のどこの部分かなどを読解していくのである。

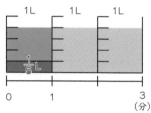

　分数のわり算も同様である。$\frac{4}{5} \div 3 = \frac{4}{15}$ と計算したのであれば，この計算の正しさを右のような面積図などを活用することで見いだしていくことが大切である。$\frac{4}{5}$ L は図のどこの部分か，÷３と計算する意味は図の中でどこに見えるのか，答えの $\frac{4}{15}$ L とは図のどこの部分か，答えの基準量となる $\frac{1}{15}$ L が図のどこの部分かなどを読解していくのである。

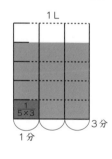

　これまでに述べてきたように，分数 × 整数，分数 ÷ 整数の学習を単なる計算練習だけの時間にしないことが大切である。立式ができる理由や式の意味を，図と関連付けることで探っていく展開にすることが大切である。

1 対称な図形

2 文字と式

3 分数と整数のかけ算・わり算

4 分数と分数のかけ算

5 分数と分数のわり算

6 比とその利用

7 拡大図・縮図

8 円の面積

9 立体の体積

本時案

分数 × 整数を
考えよう

授業の流れ

1 3分で何Lのジュースができる？

本当にかけ算でいいのかな

表に整理すればわかるよ

数直線を使ってもわかるよ

式はできたけどどうやって答えを出すの？

　問題場面をもとに，どんな立式ができるのかを考えさせる。感覚的に「かけ算だ」と判断できる子どももいる。しかし，この場面は「本当にかけ算かな」と投げ返すことで，表や数直線を使ってかけ算になることを論理的に説明させることが重要である。表などを使い立式を考えることは単元後半で生きてくる。

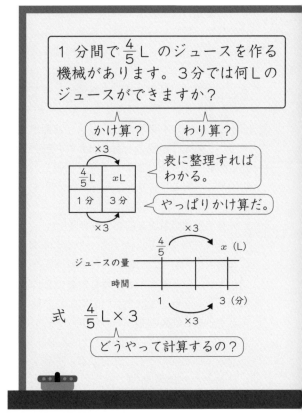

1分間で$\frac{4}{5}$Lのジュースを作る機械があります。3分では何Lのジュースができますか？

かけ算？　　わり算？

表に整理すればわかる。

やっぱりかけ算だ。

$\frac{4}{5}$L	xL
1分	3分

×3　　　×3

ジュースの量
時間

式　$\frac{4}{5}$L × 3

どうやって計算するの？

2 $\frac{4}{5}$ × 3 はどうやって計算するの？

　　　　たし算で求める方法が生まれてくる。確実な計算方法である。しかし，かける数が大きくなるとこの方法は時間がかかる。この大変さへの気付きを引き出すことが大切である。
　同分母の加減は分子だけを計算した。そこから類推し，かけ算も同じ手続きで計算できるという考えを引き出し価値付けたい。さらに，その手続きの正しさを尋ねることで，図を使う必要感を引き出したい。

3 かけ算も分子だけ計算すればいいの？

$\frac{1}{5}$Lが縦に4個ある

$\frac{1}{5}$Lが横には3個ある

だから分子は4×3になるんだね

　分子だけの計算手続きの正しさを図で考えさせる。図の中の基準となる$\frac{1}{5}$Lの部分，$\frac{1}{5}$Lが縦に4個，横に3個あることに気付かせ，この見方を価値付けることが大切である。

本時の評価

・分数×整数の計算を，分数の加減法からの類推や図を使って考えることができたか。
・分数のかけ算が分子だけをかけることで計算できる意味を，図の中に見いだし理解することができたか。

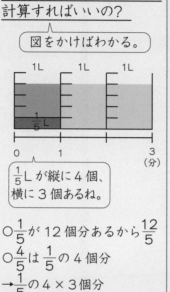

$\dfrac{4}{5} \times 3$ はどうやって計算したらいいのかな？

「たし算にしたら？」

$\dfrac{4}{5} + \dfrac{4}{5} + \dfrac{4}{5} = \dfrac{12}{5}$

「めんどくさいな。」

「もっと長い時間になったら大変。」

「たし算は分子だけたしたから。」

→分子だけかけ算すると

$\dfrac{4}{5} \times 3 = \dfrac{4 \times 3}{5}$
$= \dfrac{12}{5}$

「たし算と同じ答え。」

「本当にいいの？」

分数のかけ算も分子だけ計算すればいいの？

「図をかけばわかる。」

$\dfrac{1}{5}$L が縦に4個，横に3個あるね。

○$\dfrac{1}{5}$が12個分あるから$\dfrac{12}{5}$
○$\dfrac{4}{5}$は$\dfrac{1}{5}$の4個分
→$\dfrac{1}{5}$の4×3個分

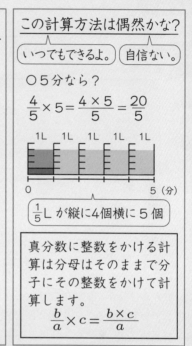

この計算方法は偶然かな？

「いつでもできるよ。」「自信ない。」

○5分なら？

$\dfrac{4}{5} \times 5 = \dfrac{4 \times 5}{5} = \dfrac{20}{5}$

$\dfrac{1}{5}$L が縦に4個横に5個

真分数に整数をかける計算は分母はそのままで分子にその整数をかけて計算します。
$$\dfrac{b}{a} \times c = \dfrac{b \times c}{a}$$

---

4 この計算方法は偶然かな？

　子どもたちが見つけた計算方法の一般性を「偶然かな」という言葉で問いかける。仮分数や帯分数では心配と考える子どももいるであろう。これらの声は次時以降の課題とすることができる。他の分数で計算を行い，図でその計算の正しさを検証していく。分数の図を使いこなせるようになることも，この場面では大切である。図を使う力が分数同士の乗除問題で生きてくるからである。

まとめ

　分数と整数のかけ算は，同分母同士の加減の計算方法から類推して計算を進めることができる。このような見方・考え方を価値付けていくことが大切である。

　類推した計算結果の正しさは，図を使って検証できる。図の中に分子のかけ算の式に当たる部分を見つけることが大切になる。この見方が今後の分数の乗除に活用できるからである。

1 対称な図形

2 文字と式

3 分数と整数のかけ算・わり算

4 分数と分数のかけ算

5 分数と分数のわり算

6 比とその利用

7 拡大図・縮図

8 円の面積

9 立体の体積

本時案

分数 × 整数で
約分は使えるかな？

本時の目標

・真分数，仮分数のかけ算の計算の仕方を考える活動を通して，分数のかけ算の計算方法の一般化を図るとともに，約分ができる計算があることに気付くことができる。

授業の流れ

1 仮分数も同じ方法で計算ができる？

真分数と同じように計算できそう

分子をかけたら $\frac{21}{6}$ だね

本当に $\frac{21}{6}$ ？

$\frac{1}{6}$ L が縦に 7 個
横に 3 個で $\frac{21}{6}$

図で確かめ
ればいいね

仮分数のかけ算が，前時の真分数のかけ算と同じ方法で計算できるのかを考えさせる。式での計算手続きで $\frac{21}{6}$ と答えが出せるが，この答えの正しさはこのままでは分からない。図に置き換えて正しさを証明しようという声を引き出すことが大切である。

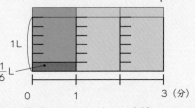

仮分数もこの前と同じ方法で計算ができるかな？

できるよ。 仮分数はどうかな？

○ 1 分間に $\frac{7}{6}$ L ジュースを作る
機械が 3 分で作る量は

$$\frac{7}{6} \times 3 = \frac{7 \times 3}{6}$$ 正しいの？

$$= \frac{21}{6}$$ 図で確かめよう。

1L

$\frac{1}{6}$ L

0　　　1　　　3（分）

○仮分数も同じ方法で計算できる

2 答えは $\frac{21}{6}$ でいいね

式と図で答えを導き出した子どもたちに，「答えは $\frac{21}{6}$ でいいね」と投げかける。ここで約分ができる気づきを引き出していきたい。約分ができる気づきを価値付け，再度子どもたちに計算を行わせる。
計算が終わった最後に約分する方法を，まずは取り上げ全員でその方法を共有する。その後，「他の約分がある」という声を引き出したい。

3 他の約分はあるの？

式の途中で約分する方法を考えさせる。式だけを提示し，どのように考えたのかを子どもたちに考えさせる。友だちの考えを読解することで，全員の参加意識を高められる。
式の途中で約分するよさを具体的に指摘させることが大切である。式の本数が少なくなる声は具体的数字での指摘であるので価値付けたい。子どもによっては，計算の最後に約分する方が簡単だと考える子どももいる。途中の約分を無理強いしないことを心掛ける。

・真分数，仮分数のかけ算の計算の仕方を考える活動を通して，分数のかけ算の計算方法の一般化を図ることができたか。
・計算の途中で約分ができる計算があることに気付き，その簡便さを実感することができたか。また，式に応じて約分の場所を使い分けることができたか。

答えは $\dfrac{21}{6}$ L でいいね？

約分できるよ。　本当だ。

3 でわれる。

○約分してもう一度計算しよう。

$$\frac{7}{6} \times 3 = \frac{7 \times 3}{6}$$

$$= \frac{\overset{7}{\cancel{21}}}{\cancel{6}_{2}}$$　3 で約分。

$$= \frac{7}{2}$$

$$= 3\frac{1}{2}$$

$$3\frac{1}{2} \text{ L}$$

他の約分がある。

えっ？

他の約分はあるの？

もうないよ。

○次の計算をした人の気持ちは分かるかな？

$$\frac{7}{6} \times 3 = \frac{7 \times \cancel{3}^{1}}{\cancel{6}_{2}}$$

$$= \frac{7}{2}$$　計算の途中で約分する。

$$= 3\frac{1}{2}$$

計算の途中で約分すると，式が1本短くなる。

途中で約分した方が簡単だね。

私は最後がいいな…。

自分の好きな方法で計算しよう。

① $\dfrac{7}{6} \times 4 = \dfrac{7 \times \cancel{4}^{2}}{\cancel{6}_{3}}$

$$= \frac{14}{3}$$

$$\frac{7}{6} \times 4 = \frac{7 \times 4}{6}$$

最期も簡単。

$$= \frac{\overset{14}{\cancel{28}}}{\cancel{6}_{3}}$$

$$= \frac{14}{3}$$

② $\dfrac{13}{10} \times 25 = \dfrac{13 \times \cancel{25}^{5}}{\cancel{10}_{2}}$

$$= \frac{65}{2}$$

$$\frac{13}{10} \times 25 = \frac{13 \times 25}{10}$$

最後の約分は難しい。

$$= \frac{\overset{65}{\cancel{325}}}{\cancel{10}_{2}}$$

$$= \frac{65}{2}$$

---

4 自分の好きな方法で計算しよう

②の分子は 13×25 だから途中で約分した方が簡単

$\dfrac{325}{10}$ の約分は面倒だね

　計算の途中で約分する方法と，計算が終わった後に約分する方法を子どもに選択させる。分子の数が小さい①の場合はどちらも計算の簡単さに差はない。一方，②は分子の数が大きくなるため面倒になる。この気持ちを計算を通して引き出すことが大切である。

まとめ

　真分数と整数のかけ算の計算方法が，仮分数でも適用できることを，図を通して確認していく。式と図の関連付けが大切である。

　式の途中で約分すると計算は簡単になる。しかし，計算後に約分する方が簡単だと考える子どももいる。そこで，約分を行う場所を子どもに選択させ，式に応じて約分の場所を場合分けして考えることも大切な展開である。

本時案

帯分数 × 整数の計算を考える

・帯分数 × 整数の計算方法を考え，整数と分数に分けたり，仮分数に直したりして計算できることを理解することができる。

授業の流れ

1 □ × 4 問題，□はいくつならできる？

□ × 4 の式の□がどんな数なら計算ができそうかを考えさせる。子どもから，真分数・仮分数の具体的な数値を引き出したい。具体例を挙げられることは，大切な考え方である。この中から，帯分数はどうやって計算すればいいのという声へとつなげていきたい。この場面で具体的な数値が子どもから生まれてきたら，その数値を使って考えていく

---

1 本が □ m のテープを 4 本作ります。テープは全部で何m必要ですか。

〔簡単〕 〔分数もできる。〕 〔帯分数は？〕

○ □がどんな数なら計算できる？

・整数 → 簡単! □＝2 なら？
　2×4＝8m

・真分数 → 簡単! □＝$\frac{2}{3}$ なら？
　$\frac{2}{3}$×4＝$\frac{2 \times 4}{3}$
　　　＝$\frac{8}{3}$m

・仮分数 → 簡単! □＝$\frac{4}{3}$ なら？
　$\frac{4}{3}$×4＝$\frac{4 \times 4}{3}$
　　　＝$\frac{16}{3}$m

〔帯分数はできる？〕

---

2 □＝$1\frac{2}{5}$ m なら計算できる

子どもから生まれた帯分数の数を□に入れて計算方法を考えさせる。

真分数・仮分数の計算方法をもとにすると，整数部分の 1 が邪魔になる。この気付きを引き出し，新たな計算方法を考えさせていきたい。さくらんぼ計算のように位を分けて計算する方法が生まれる。この方法の式だけを提示し，どのように考えたのかをクラス全体で読解することが大切である。

3 他のやり方もあるの？

帯分数を仮分数に直す計算方法の式だけを提示し，その考え方を読解させる。

帯分数のままの計算と比べると，式の数が少なくなる。また，$4\frac{8}{5} = 5\frac{3}{5}$ と修正する手間がない。これらの気付きを引き出していきたい。

1	対称な図形
2	文字と式
3	分数と整数の かけ算・わり算
4	分数と分数の かけ算
5	分数と分数の わり算
6	比とその利用
7	拡大図・縮図
8	円の面積
9	立体の体積

本時の評価

・帯分数 × 整数の計算方法を考え，整数と分数に分けたり，仮分数に直したりして計算できることを理解することができたか。

・複数の計算を通して，帯分数の計算は仮分数に直して計算する方が簡単に計算できることを実感することができたか。

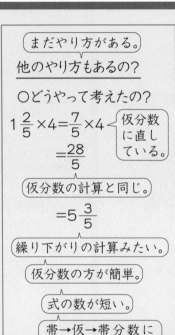

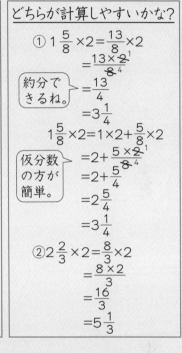

4 どちらが計算しやすいかな？

- 仮分数の方が式が少ない
- $1\frac{5}{8}$ では直すのが面倒
- 他の式も仮分数が簡単だね

①の問題は，帯分数のままの計算では式が長くなる。さらに，答えが $3\frac{1}{4}$ にする修正が必要になる。計算しやすい方法を指示するのではなく，問題を通して子どもに実感させることが大切である。

まとめ

帯分数の計算方法を，既習の真分数や仮分数の計算方法と比較しながら考えさせることが大切である。

整数と分数に分ける考えは，サクランボ計算や加減乗除の筆算から類推できる。前時の仮分数の計算から帯分数を仮分数に直す方法も類推できる。いずれも類推的に考える点を価値付ける。複数の計算を通して，簡単な方法を実感させることが大切である。

分数 ÷ 整数の計算を考える

本時の目標

・分数 × 整数の計算方法から類推したり，図を使ったりしながら，分数 ÷ 整数の計算の仕方を考えることができる。

授業の流れ

1 $\frac{4}{5} ÷ 2$ はどうやって計算するの？

分母も分子も2で割るのかな

かけ算は分子だけ計算したから，わり算も分子だけでできそう

分子だけ計算すると $\frac{2}{5}$Lになるね

でも，これって本当に合っているのかな

$\frac{4}{5} ÷ 2$ の計算方法を考えさせる。分母も分子も2で割る考えと，分子だけを2でわる考えが生まれてくるであろう。分数のかけ算の計算方法から類推する考え方を価値付けていきたい。

また，計算した答えに対する「本当にこれでいいのかな」という疑問の声を引き出し，価値付けたい。

2分で$\frac{4}{5}$L のジュースを作る機械があります。1分では何Lのジュースを作ることができますか？

わり算かな？　計算できるか？

式は $\frac{4}{5} ÷ 2$　どうやって計算するの？

分母も分子もわり算？

かけ算は分子だけだからわり算も分子だけ？

○分子だけ計算すると？

$$\frac{4}{5} ÷ 2 = \frac{4 ÷ 2}{5}$$
$$= \frac{2}{5}$$　でも、合ってるの？

2 分子だけの計算でいいの？

図を横に半分に切ると $\frac{2}{5}$

分子だけの計算でいいみたいだね

たまたまじゃないかな

$\frac{4}{5}$Lを2でわる図は，横に2分割するのは考えやすい。縦に2分割するアイディアが生まれたら取り上げる。

3 他の数字でも計算できるかな？

3分で$\frac{6}{7}$Lを作る機械。1分なら？

式は $\frac{6}{7} ÷ 3$ だね

分子だけを計算したら $\frac{2}{7}$Lだね

本当に合っているか図で確かめよう

単なる計算に終わらないように，ジュースの問題場面をもとに立式させた上で，計算に取り組ませる。

1 対称な図形

2 文字と式

3 分数と整数の かけ算・わり算

4 分数と分数の かけ算

5 分数と分数の わり算

6 比とその利用

7 拡大図・縮図

8 円の面積

9 立体の体積

本時の評価

・分数 × 整数の計算方法から類推することで，分数 ÷ 整数の計算方法も分子同士を割ることで計算できることに気付くことができたか。
・図を使うことで，分子同士をわり算する計算方法の正しさを実感することができたか。

分子だけの計算でいいの？

図で確かめよう。

かけ算も図で確かめた。

○図をかいて確かめよう

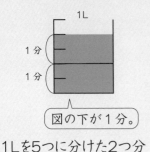

図の下が1分。

1Lを5つに分けた2つ分
→ $\frac{2}{5}$L

合ってる？

たまたま？

他の数字でも計算できる？

3分で $\frac{6}{7}$ L のジュースを作る機械1分では何L作ることができますか

式は，$\frac{6}{7} \div 3$ になるね

分子だけを計算したら。

$\frac{6}{7} \div 3 = \frac{6 \div 3}{7}$
$= \frac{2}{7}$

合ってる？

図で確かめよう。

図で確かめよう。

$\frac{6}{7} \div 3 = \frac{6 \div 3}{7}$
$= \frac{2}{7}$

2分でわるより難しい。

1L

1分
1分
1分

3分でわる？

横に3分割すればいい。

$\frac{2}{7}$ L

→分子をわれば計算できる

割れない分数なら？

---

4 $\frac{2}{7}$ L でいいのか図で確かめよう

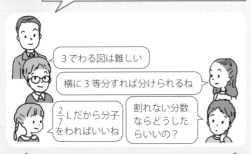

3でわる図は難しい

横に3等分すれば分けられるね

$\frac{2}{7}$ Lだから分子をわればいいね

割れない分数ならどうしたらいいの？

$\frac{6}{7}$ Lを3分割するのは難しい。しかし，$\frac{6}{7}$ Lを横に3等分することで $\frac{2}{7}$ Lが見えてくる。「割れない分数なら」の声も引き出したい。

まとめ

分数のわり算の計算方法を考えさせる。前時までの分数のかけ算の計算方法から類推する考え方を価値づけていくことが大切である。分子同士を割ることで答えは求められる。図を使うことで，この計算方法の確かさを確認していくことが大切である。

分子同士をわる計算は，割り切れる場合のみである。この特殊さへの気付きも引き出し，次時へとつなげる。

本時案

分子が割り切れない計算を考える

5／6

本時の目標

・分子が割り切れない分数÷整数の計算方法を，分数の性質や図を使って考えることができる。

授業の流れ

1 分子がわり切れない場合を考えよう

分子を 4÷3 にすると 1.333…

分子がわり切れる数なら簡単なのに

だったら，わり切れる数に変身できないかな

分母分子に 3 をかければわれる式に変身できる

分母と分子に同じ数をかけても大きさは変わらないね

　分子がわり切れる数であれば，分子同士でわり算の計算ができる。しかし，わり切れない場合はそのままでは計算できない。この疑問を引き出し，計算方法を考えさせる。
　「わり切れる数ならいいのに」という気付きから，倍分（分数の性質）の考え方を引き出していきたい。この方法なら，どんな分数のわり算も計算ができる。

分子がわり切れない場合はどうやって計算したらいいのかな？

例えば 4÷3 なら？　　小数になる？

○3 分間で $\frac{4}{5}$ L のジュースを作る機械があります。1 分間で何 L 作れますか

式　$\frac{4}{5} \div 3 = \frac{4 \div 3}{5}$

$= \frac{1.333\cdots}{5}$

小分数？

分子がわれない。

分子がわれない。

$\frac{4}{5} \div 3 = \frac{4 \times 3}{5 \times 3} \div 3$

$= \frac{4 \times 3 \div 3}{5 \times 3}$

$= \frac{4 \times 1}{5 \times 3}$

$= \frac{4}{15}$

分数のきまりは使えないかな。

本当に合ってる？

2 $\frac{4}{15}$ L か図で確かめよう

　　　　倍分に直して計算する方法を図で確認する。前時までの横に分割する方法は，分割する線が細かくなるために分かりにくい。
　　　そこで，縦に分割するアイディアを引き出していく。3 分割した図の基準となる大きさが $\frac{1}{5 \times 3}$ であることを押さえることが大切である。この基準の大きさ（$\frac{1}{15}$）が 4 個分あることを，図の中から見つけ出させることが大切である。

3 他の数字でも計算できるかな？

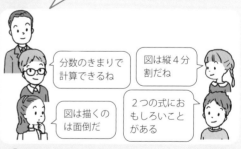

分数のきまりで計算できるね

図は縦4分割だね

図は描くのは面倒だ

2つの式におもしろいことがある

　$\frac{5}{6} \div 4$ も図では縦分割でないとうまく分けられない。これらの活動から図の大変さや，式の中の共通点に気付かせていきたい。

分子が割り切れない計算を考える
058

1 対称な図形

2 文字と式

3 分数と整数の かけ算・わり算

4 分数と分数の かけ算

5 分数と分数の わり算

6 比とその利用

7 拡大図・縮図

8 円の面積

9 立体の体積

本時の評価

・分子が割り切れない分数÷整数の計算方法を，倍分のアイディアや図を使って見つけていくことができたか。

・2つの式を比較する中から，分数÷整数は分母同士をかけることで答えが求められる共通点に気付くことができたか。また，その意味を図の中に見いだすことができたか。

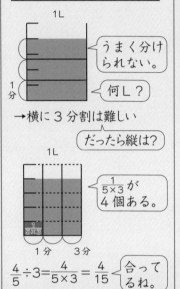

$\dfrac{4}{15}$Lか図で確かめよう。

1L

うまく分けられない。

何L？

→横に3分割は難しい

だったら縦は？

$\dfrac{1}{5×3}$が4個ある。

1分　3分

$\dfrac{4}{5}÷3=\dfrac{4}{5×3}=\dfrac{4}{15}$　合ってるね。

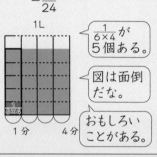

他の数字でも計算できる？

○4分間で$\dfrac{5}{6}$Lのジュースを作る機械があります。1分間で何L作れますか

$\dfrac{5}{6}÷4=\dfrac{5×4}{6×4}×4÷4$

$=\dfrac{5×4÷4}{6×4}$

$=\dfrac{5}{6×4}$

$=\dfrac{5}{24}$

1L

$\dfrac{1}{6×4}$が5個ある。

図は面倒だな。

おもしろいことがある。

1分　4分

同じ場所ってどこかな？

$\dfrac{4}{5}÷3=\dfrac{4×3}{5×3}÷3$

同じ場所があるよ。

$=\dfrac{4×3÷3}{5×3}$

$=\boxed{\dfrac{4×1}{5×3}}$

わる数を分母にかけている。

$=\dfrac{4}{15}$

$\dfrac{5}{6}÷4=\dfrac{5×4}{6×4}÷4$

$=\dfrac{5×4÷4}{6×4}$

$=\boxed{\dfrac{5}{6×4}}$

わる数を分母にかけている。

$=\dfrac{5}{24}$

分数のわり算は，$\dfrac{b}{a}÷c=\dfrac{b}{a×c}$でも計算ができる

図にもある。縦に分割するから分母にわる数（6×4）をかけるんだ。

---

4 同じ場所ってどこかな？

どちらの式も分母にわる数をかけているね

それなら計算が簡単になりそうだ

図は縦に分けたね。分母のかけ算はそれと同じだね

2つの計算式の共通点である分母にわる数をかける共通点を発見させる。また，分母をかけ算する理由を図とつなげて考えていく。

まとめ

分子同士をわる計算方法の一般化の可能性を考えさせる。倍分のアイディアを活用する見方を引き出し価値づけることが大切である。また，2つの式を比較する中から，分母にわる数をかける共通点に気付かせることも大切である。ただし，この見方が形式的計算練習につながらないように，図の中に分母をかける部分が存在することに気付かせることも大切である。

本時案

帯分数 ÷ 整数はどのように考えるかな？

6/6

本時の目標

・分数÷整数の計算において，約分をして計算したり，帯分数÷整数の計算の仕方を考えたりすることができる。

授業の流れ

1 □が仮分数のときの計算を考えよう

仮分数だったらどうやって計算すればいいの？

答えが $\frac{12}{15}$ だから約分できるね

途中で約分すると式の数が少なくなるから簡単だね

計算の途中で約分することもできるね

□を使った問題文を提示する。□の中が真分数は既習である。一方，仮分数や帯分数は未習である。これらの場合はどのように計算すればいいのという声を引き出していきたい。まずは，仮分数を当てはめる。計算の最後に約分する場合と，途中で約分する場合を比較させる。途中で約分した方が式の数も少なくなり簡単であることに気付かせていきたい。

長さ3mで重さが□kgの鉄の棒があります。1mあたりの重さは何kgですか？

式は□÷3だね。　　真分数は簡単。

仮分数や帯分数でも計算できる？

→□＝ $\frac{12}{5}$ なら？

$$\frac{12}{5} \div 3 = \frac{12 \div 3}{5}$$
$$= \frac{4}{5}$$

分子が割れる。

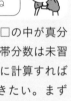

$$\frac{12}{5} \div 3 = \frac{12}{5 \times 3}$$
$$= \frac{\overset{4}{\cancel{12}}}{\underset{5}{\cancel{15}}}$$
$$= \frac{4}{5}$$

約分できるね。

$$\frac{12}{5} \div 3 = \frac{\overset{4}{\cancel{12}}}{5 \times \underset{1}{\cancel{3}}}$$
$$= \frac{4}{5}$$

途中で約分するとすぐに答えが出る。

2 □＝ $1\frac{3}{4}$ ならどう計算するかな？

□が帯分数の場合を考えさせる。分数のかけ算のときと同じように，帯分数のままで計算する方法と，仮分数に直して計算する方法のアイディアを引き出していくことが大切である。まずは，帯分数のままで計算する方法を取り上げる。整数と分数部分に分けることで計算ができる。しかし，式の数が多くなり計算が大変である。この気付きを引き出し，仮分数の計算方法へとつなげていく。

3 仮分数に直すと簡単に計算できる？

仮分数に直すと簡単に計算できるかな

簡単に計算できる

式が3行で終わるね

帯分数を整数分数に分けないから簡単

仮分数に直して計算すると，式が3行で終わる。帯分数のままで計算するよりも時間も手間も簡単になることに気付かせていきたい。

1 対称な図形

2 文字と式

3 分数と整数のかけ算・わり算

4 分数と分数のかけ算

5 分数と分数のわり算

6 比とその利用

7 拡大図・縮図

8 円の面積

9 立体の体積

本時の評価

・分数÷整数の計算において，計算の最後に約分するよりも，計算の途中で約分をする方が式が短くなり簡単に計算できることに気付くことができる。

・帯分数÷整数の計算において，帯分数を整数と分数に分割する計算よりも，仮分数に直して計算する方が式も短く簡単に計算できることに気付くことができる。

→ □ =$1\frac{3}{4}$ なら？

どうやって計算したらいいの。

$1\frac{3}{4}$ を整数と分数に分けたら？

$1\div 3=\frac{1}{3}$

$1\frac{3}{4}\div 3$

$\frac{3}{4}\div 3=\frac{3}{4\times 3}=\frac{1}{4}$

約分できるね。

$\frac{1}{3}+\frac{1}{4}=\frac{4}{12}+\frac{3}{12}$

$=\frac{7}{12}$

式が多くて大変。

仮分数に直したらどうかな。

仮分数に直すと簡単に計算できるのかな？

$1\frac{3}{4}\div 3=\frac{7}{4}\div 3$

$=\frac{7}{4\times 3}$

$=\frac{7}{12}$

簡単！ 式の数が短い。

帯分数を整数でわる計算は帯分数を仮分数に直すと、これまでと同じように計算できます。

他のわり算で試そう。

○ $1\frac{2}{3}\div 4=\frac{5}{3}\div 4$ 仮分数に直そう。

$=\frac{5}{3\times 4}$

$=\frac{5}{12}$ やっぱり簡単！

○ $2\frac{5}{8}\div 6=\frac{21}{8}\div 6$

$=\frac{21^7}{8\times 6^2}$

$=\frac{7}{16}$

○ $1\frac{3}{8}\div 3=\frac{11}{8}\div 3$

$=\frac{11}{8\times 3}$

$=\frac{11}{24}$

約分はできないね。

仮分数に直すのは簡単！

---

4 他のわり算で試そう

他の帯分数の計算も仮分数に直せばできるね

仮分数は簡単だね

式も短いから簡単だね

別の問題に取り組ませる。子どもたちは，他の計算でも帯分数を仮分数に直して計算を進めるだろう。この計算を通して，仮分数に直す計算のよさを改めて実感させていくことが大切である。

まとめ

分数÷整数の計算において，約分をして計算するやり方や，帯分数÷整数の問題をかけ算のときの計算と関連付けさせて考えさせることが大切である。

帯分数のままで計算することは，整数部分と分数部分に分けて計算するために子どもにとっては面倒である。仮分数に直す計算と比較させることで，この計算方法のよさを子どもに実感させることが大切である。

4 分数と分数のかけ算 　8時間扱い

単元の目標

・分数×分数の乗法の意味を理解し，その計算の仕方を図やきまりを用いて説明したり，正しく計算したりすることができる。

評価規準

知識・技能	①（分数）×（分数）の計算の意味と計算の仕方を理解して計算ができ，計算法則が成り立つことを理解することができる。
思考・判断・表現	②（分数）×（分数）の計算のしかたを，既習事項をもとに，数直線や図，表，式を用いて考える力を養う。
主体的に学習に取り組む態度	③（分数）×（分数）の計算のしかたを，既習事項をもとに考えようとする態度を養う。

指導計画　全8時間

次	時	主な学習活動
第1次「分数×分数の意味と計算の仕方」	1	分数×分数（単位分数）の意味と計算の仕方を式変形や図を通して考えることができる。
	2	$\frac{4}{5} \times \frac{2}{3}$ のような分数×分数の計算の仕方を，既習の計算方法や図を使って考えることができる。
	3	分数×分数の計算で，約分のある場合の計算の仕方がわかり，計算ができる。
第2次「帯分数や整数，小数に分数をかける場合の計算の仕方」	4	帯分数×帯分数の計算の仕方を考えることができる。
	5	小数×分数の計算の仕方を考える。また，かける数と積の大きさの関係に気付くことができる。
	6	3つの分数のかけ算の計算の仕方を考えることができ，その計算に習熟することができる。
第3次「分数のかけ算の性質」	7	分数についても，かけ算の交換法則や結合法則，分配法則が成り立つことを理解することができる。
	8	答えが1になる分数×分数の式を考える活動を通して，逆数について理解することができる。

1 対称な図形

2 文字と式

3 分数と整数のかけ算・わり算

4 分数と分数のかけ算

5 分数と分数のわり算

6 比とその利用

7 拡大図・縮図

8 円の面積

9 立体の体積

単元の基礎・基本と見方・考え方

(1)分数をかける意味を理解する

子どもたちはこれまでに，乗数が整数の場合や小数の場合の問題場面を学習してきている。従って，本単元で取り扱う乗数が分数の場合もそれらの既習の学習から類推的に考えることで，立式や計算ができるのではないかと考えていく見方・考え方が大切になる。すなわち，基準とする大きさとそれに対する割合から，その割合に当たる大きさを求める計算と考えていくことが大切である。B を「基準にする大きさ」，p を「割合」，A を「割合に当たる大きさ」とすれば，その場面は B×p＝A と表すことができる。

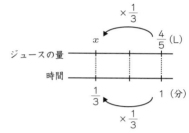

ところで，被乗数も乗数も分数の場合，2 つの分数をどのように立式に位置付けるのか混乱する子どもが見られる。問題場面が十分にイメージ化できないことが原因の 1 つである。そこで，立式を行う際には 4 ます関係表や数直線などを活用しながら問題場面を整理していくことが大切である。

(2)分数×整数や分数÷整数の見方・考え方を活用する

分数同士の乗法の計算は，既習の分数×整数や分数÷整数での見方・考え方を活用することで求めることができる。例えば，$\frac{4}{5} \times \frac{2}{3}$ の計算は，乗数を単位分数の幾つ分とみることで，$\frac{4}{5} \times \frac{1}{3} \times 2 = \frac{4}{5} \div 3 \times 2$ とみることができる。$\frac{4}{5} \div 3$ の計算は既習である。さらに，$\frac{4}{5} \div 3 = \frac{4}{15}$ の結果から，$\frac{4}{15} \times 2$ と計算を進めることも既習である。このように計算に対して成り立つ性質に着目する見方・考え方を活用していくことが大切である。

また，既習の $\frac{4}{5} \times 3$ であれば $\frac{4 \times 3}{5}$ と，分子同士をかけることで計算することができた。この学びをもとに，$\frac{4}{5} \times \frac{2}{3}$ も分母同士（5×3）・分子同士（4×2）をかけることで計算できるのではないかと類推的に考えることも子どもの自然な発想である。既習の求め方を，場面を拡張しても使えるのではないかと考えることは大切な見方・考え方である。

ただし，ここで気をつけなければいけないことがある。分数×分数の計算は，分母同士・分子同士を計算することで答えを求めることはできる。しかし，計算ができることと計算の意味を理解できることは同じではない。本単元では，単に計算を行い正しい答えを求めるだけではなく，その計算の意味を具体的に理解することが大切である。そのためには，式と図をつなげて理解を進めることが大切である。

例えば，$\frac{4}{5} \times \frac{2}{3}$ であれば右のような図とつなげて式の意味を図の中に見いださせていくのである。「被乗数の $\frac{4}{5}$ は図のどこの部分なのか」「乗数の $\frac{2}{3}$ は図のどこの部分なのか」「答えは図のどこの部分なのか」と，式を分解しながら図と関連付けていく見方・考え方が大切にある。これができて初めて，分数の乗法を理解できたといえる。

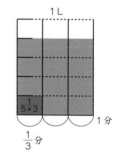

063

分数 × 分数（単位分数）を考えよう

1/8

授業の流れ

1 どんな式になるのかな？

問題場面をもとに，どんな立式ができるのかを考えさせる。$\frac{4}{5}$L，$\frac{1}{3}$分と2つの分数があるためにかけ算かわり算かすぐには判断ができない子どもが多い。そこで，表や数直線，分数を整数に置き換えるなどの方法で，かけ算になることを見つけさせる。

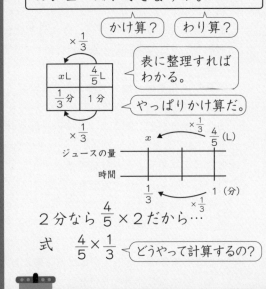

2 $\frac{4}{5} \times \frac{1}{3}$ はどうやって計算するの？

$\frac{1}{3}$倍する意味を考えさせる。$\frac{1}{3}$倍が3でわることと同じ意味であることがつかめれば，分数÷整数の計算に帰着できる。この見方を引き出し共有することが大切である。

また，分数×整数のときに分子同士を計算したことから類推し，分母同士・分子同士をかけ算するという考えも生まれる。この見方も価値ある考え方である。いずれの方法でも答えは等しくなる。

3 考えた式は正しいのかな？

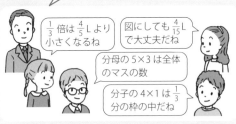

$\frac{1}{3}$倍の図は，もとの大きさ（$\frac{4}{5}$L）よりも小さくなることを実感させることが大切である。また，図の中に分母の5×3，分子の4×1に当たる部分を見つけさせることも大切である。

本時の評価

・分数×分数（単位分数）の意味と計算の仕方を，分数×整数の計算方法から類推したり，分数÷整数との意味が共有できたりすることから計算を行うことができたか。

・見いだした計算方法を，分数×分数の図の中に見いだすことができたか。

$\frac{4}{5} \times \frac{1}{3}$ はどうやって計算したらいいのかな？

$\frac{1}{3}$ 倍にするのは3で割るのと同じ。

→だったら、わり算でできる

$$\frac{4}{5} \times \frac{1}{3} = \frac{4}{5} \div 3$$
$$= \frac{4}{5 \times 3}$$
$$= \frac{4}{15}$$

分数×整数は分子をかけたね。

分数 × 分数は分子分母同士をかける。

$$\frac{4}{5} \times \frac{1}{3} = \frac{4 \times 1}{5 \times 3}$$
$$= \frac{4}{15}$$

上の式と同じ答えだね。

考えた計算は正しいのかな？

図をかけばわかる。

$\frac{1}{3}$ 倍だから $\frac{4}{5}$ より小さくなるね。

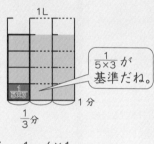

$\frac{1}{5 \times 3}$ が基準だね。

$\frac{1}{3}$ 分

$$\frac{4}{5} \times \frac{1}{3} = \frac{4 \times 1}{5 \times 3}$$
$$= \frac{4}{15} \text{ということだ}$$

2つの式は正しいね。

$\frac{1}{2}$ 分や $\frac{1}{4}$ 分ならどうなるかな？

○ $\frac{1}{2}$ 分なら

$$\frac{4}{5} \times \frac{1}{2} = \frac{4 \times 1}{5 \times 2}$$
$$= \frac{4}{10}$$

図でもOK。

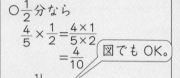

○ $\frac{1}{4}$ 分なら

$$\frac{4}{5} \times \frac{1}{4} = \frac{4 \times 1}{5 \times 4}$$
$$= \frac{4}{20}$$

$\frac{1}{2}$ 分 　1分

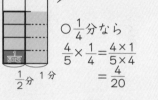

図でもOK。

分子が1でないときはどうするの？

$\frac{1}{4}$ 分 　1分

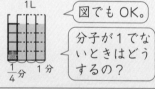

---

4 $\frac{1}{2}$ 分，$\frac{1}{4}$ 分ならどうなるかな？

$\frac{1}{2}$ 分なら $\frac{4}{5} \times \frac{1}{2}$

$\frac{4 \times 1}{5 \times 2}$ で $\frac{4}{10}$ だね

もし分子が1でないときはどうやって計算するのかな

　他の単位分数の計算に取り組ませる。機械的に計算するだけではなく，図と関連付けて図の中に式の計算式を見つけさせることが大切である。また，「分子が1でない場合はどうする」という疑問を引き出していきたい。

まとめ

　分数×分数の問題場面では，立式を決定するのが難しい。表や数直線などを使うことで，立式の意味を捉えさせることが大切である。計算方法を考える場面では，分数×整数からの類推や，分数÷整数と計算の意味が共有できることに気付かせることが大切である。また，形式的な計算にならないように，図の中に分母・分子の計算に当たる部分を見いださせることも大切である。

1 対称な図形

2 文字と式

3 分数と整数のかけ算・わり算

4 分数と分数のかけ算

5 分数と分数のわり算

6 比とその利用

7 拡大図・縮図

8 円の面積

9 立体の体積

本時案

$\frac{2}{3}$ 分の計算方法を考えよう

本時の目標

・$\frac{4}{5} \times \frac{2}{3}$ のような分数 × 分数の計算の仕方を，既習の計算方法や図を使って考えることができる。

授業の流れ

1 どんな式になるのかな？

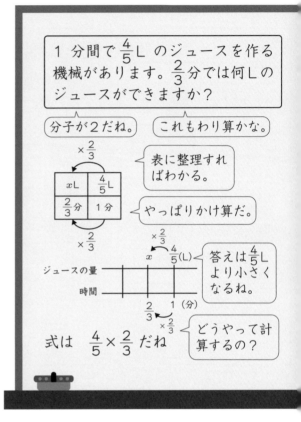

式はどうなる？

これもかけ算

表や数直線をかけば分かりそう

やっぱりかけ算だね

$\frac{2}{3}$ をかけるから答えは $\frac{4}{5}$ L よりも小さくなるね

でも，$\times \frac{2}{3}$ の計算はどうやればいいのかな

かける数が単位分数ではない問題場面を提示する。どんな立式ができるのかを，表や数直線などを使って考えさせる。表や式を考える中で，基準である $\frac{4}{5}$ L よりも小さくなりそうだという気付きを引き出す価値付けたい。

1 分間で $\frac{4}{5}$ L のジュースを作る機械があります。$\frac{2}{3}$ 分では何 L のジュースができますか？

分子が2だね。

これもわり算かな。

表に整理すればわかる。

x L	$\frac{4}{5}$ L
$\frac{2}{3}$ 分	1 分

$\times \frac{2}{3}$

やっぱりかけ算だ。

答えは $\frac{4}{5}$ L より小さくなるね。

ジュースの量
時間

x $\frac{4}{5}$ (L)
$\frac{2}{3}$ 1 (分)

式は $\frac{4}{5} \times \frac{2}{3}$ だね

どうやって計算するの？

2 $\frac{4}{5} \times \frac{2}{3}$ はどうやって計算するの？

単位分数倍（$\frac{1}{3}$ 倍）する計算は既習である。この考え方を使えば，$\frac{4}{5} \times \frac{1}{3}$ の計算を2倍すればよいことが見えてくる。既習を活用するこのような見方を価値づけることが大切である。

また，分数 × 整数や分数 × 単位分数の計算から，分母同士・分子同士をかけ算すれば計算できるという見方も生まれてくる。この見方も価値づける。

3 考えた計算は正しいのかな？

図から $\frac{8}{15}$ L で正しいことがわかる

$\frac{2}{3}$ 倍は $\frac{4}{5}$ L より小さくなるね

分母の 5×3 は全体のマスの数

分子の 4×2 は $\frac{2}{3}$ 分の枠の中だね

式と同じ部分が図の中に見えるね

図の中に分母の 5×3，分子の 4×2 に当たる部分があることを見いださせ，それが式と同じになるおもしろさに気付かせていきたい。

1 対称な図形

2 文字と式

3 分数と整数のかけ算・わり算

4 分数と分数のかけ算

5 分数と分数のわり算

6 比とその利用

7 拡大図・縮図

8 円の面積

9 立体の体積

本時の評価

・$\frac{4}{5} \times \frac{2}{3}$ のような分数×分数の計算の仕方を，単位分数（×$\frac{1}{3}$）のかけ算結果を活用したり，分数×整数の計算方法から類推したりすることで見つけることができる。

・図を使うことで，分数のかけ算が分母同士，分子同士をかければ求められることを理解することができる。

$\frac{4}{5} \times \frac{2}{3}$ はどうやって計算したらいいのかな？

×$\frac{1}{3}$ の答えの2倍だね。

$$\frac{4}{5} \times \frac{2}{3} = \frac{4}{5} \times \frac{1}{3} \times 2$$
$$= \frac{4}{5 \times 3} \times 2$$
$$= \frac{4 \times 2}{5 \times 3}$$
$$= \frac{8}{15}$$

分母分子同士をかければいいよ。

$$\frac{4}{5} \times \frac{2}{3} = \frac{4 \times 2}{5 \times 3}$$
$$= \frac{8}{15}$$

上の式と同じ答えだね。

考えた計算は正しいのかな？

図をかけばわかる。

$\frac{2}{3}$ 倍だから $\frac{4}{5}$ L より小さくなるね。

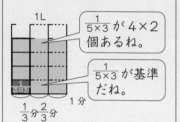

$\frac{1}{5 \times 3}$ が4×2個あるね。

$\frac{1}{5 \times 3}$ が基準だね。

$\frac{1}{5 \times 3}$　1L　1分　$\frac{1}{3}$分　$\frac{2}{3}$分

だから $\frac{4}{5} \times \frac{2}{3} = \frac{4 \times 2}{5 \times 3}$
$$= \frac{8}{15}$$

2つの式は正しいね。

計算の仕方をまとめよう。

分子が1でも2でも計算の仕方は同じだね。

分数×分数の計算は、分母同士、分子同士をかける。

$$\frac{b}{a} \times \frac{d}{c} = \frac{b \times d}{a \times c}$$

練習

① $\frac{3}{4} \times \frac{1}{2} = \frac{3 \times 1}{4 \times 2}$
$$= \frac{3}{8}$$

② $\frac{1}{4} \times \frac{5}{3} = \frac{1 \times 5}{4 \times 3}$
$$= \frac{5}{12}$$

---

4 計算の仕方をまとめよう

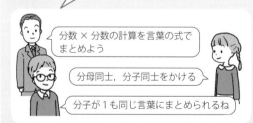

分数×分数の計算を言葉の式でまとめよう

分母同士，分子同士をかける

分子が1も同じ言葉にまとめられるね

これまでの計算の仕方を言葉の式でまとめさせる。「分数×分数は分母同士，分子同士をかける」などの言葉でまとめていく。

分数×単位分数も同様の言葉でまとめられる。

まとめ

分数×分数の計算方法は，単位分数のかけ算結果を活用したり，分数×整数での計算方法から類推したりすることが大切である。新しい解決方法を見つけることも大切であるが，既習の学びを活用することで問題解決を進めることも大切である。

図を活用することで，$\frac{2}{3}$ 倍の意味は $\frac{1}{3}$ 倍の2倍分に当たることなどを実感させることも大切である。

本時案

分数 × 分数の求積と約分を考えよう

3/8

本時の目標

・辺の長さが分数の長方形の面積を求めることができる。また，分数 × 分数の計算で，約分のある場合の計算の仕方がわかり，計算ができる。

授業の流れ

1 辺の長さが分数の面積を求めよう

面積は求められるかな

辺の長さが分数だけでできるかな

小数の長さはできたよね

小数と分数の関係に気がついたのがすごいですね

小数は分数に直すことができるから，同じように計算できるね

　辺の長さが分数の長方形の面積の求め方を考えさせる。辺の長さが整数・小数は既習である。小数値で求積できたから分数も求められるという気付きを引き出すことが大切である。小数は分数に置き換えることができることを理由として説明できたら価値付けていきたい。

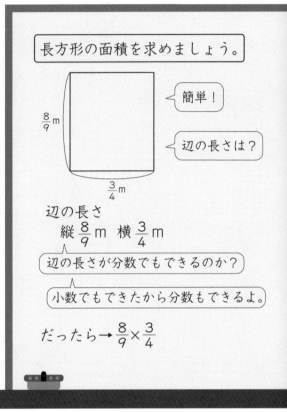

長方形の面積を求めましょう。

$\frac{8}{9}$ m　$\frac{3}{4}$ m

簡単！

辺の長さは？

辺の長さ
縦 $\frac{8}{9}$ m　横 $\frac{3}{4}$ m

辺の長さが分数でもできるのか？

小数でもできたから分数もできるよ。

だったら→ $\frac{8}{9} × \frac{3}{4}$

2 図に $\frac{24}{36}$ は見えるかな？

　辺の長さが分数値の長方形の面積の計算は，前時までの学習から進めることはできる。この場面で大切なことは，単に辺の長さが分数値の計算ができるだけではなく，その計算の式や答えに当たる数値を，図の中に見いだすことである。基準量が $\frac{1}{9×4} × 4$ m² であることや，この面積が縦に 8 個・横に 3 個分あることを式と図をつなげて理解していくことが大切である。

3 約分の仕方は他にもあるかな？

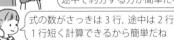

式の途中で約分できるね

途中で約分する方が簡単だね

式の数がさっきは 3 行，途中は 2 行。1 行短く計算できるから簡単だね

　長方形の面積 $\frac{24}{36}$ m² は，答えが出た段階で約分する方法以外のやり方もある。式の途中で約分する方法と比較させる。途中で約分することで，式が短くなる簡便さに気付かせることが大切である。

1 対称な図形

2 文字と式

3 分数と整数のかけ算・わり算

4 分数と分数のかけ算

5 分数と分数のわり算

6 比とその利用

7 拡大図・縮図

8 円の面積

9 立体の体積

本時の評価

・辺の長さが分数の長方形の面積を，小数値の長方形と関連付けることで求めることができたか。また，計算式を長方形の図の中に見いだすことができたか。
・分数 × 分数の計算で，約分のある場合の計算の仕方がわかり計算ができたか。

$\frac{8}{9} \times \frac{3}{4}$ を計算しよう。

今まで通りでできるかな。

$$\frac{8}{9} \times \frac{3}{4} = \frac{8 \times 3}{9 \times 4}$$
$$= \frac{24}{36}$$ 約分できる。
$$= \frac{2}{3}$$
答え $\frac{2}{3}$ m²

図に $\frac{24}{36}$ m² は見えるかな

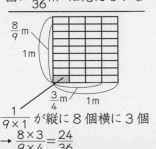

$\frac{8}{9}$ m
1m
$\frac{3}{4}$ m   1m

$\frac{1}{9 \times 1}$ が縦に 8 個横に 3 個
→ $\frac{8 \times 3}{9 \times 4} = \frac{24}{36}$

約分の仕方は他にもあるかな？

さっきは答えを約分。

この約分の気持ちはわかる？

$$\frac{8}{9} \times \frac{3}{4} = \frac{\overset{2}{8} \times \overset{1}{3}}{\underset{3}{9} \times \underset{1}{4}}$$
$$= \frac{2}{3}$$

計算と途中で約分。

簡単だ！

式が 1 行短くなるから、簡単に計算できる。

他の面積も求めよう。

①縦 $\frac{1}{6}$ m、横 $\frac{6}{7}$ m の
長方形の面積
$$\frac{1}{6} \times \frac{6}{7} = \frac{1 \times \overset{1}{6}}{\underset{1}{6} \times 7}$$
$$= \frac{1}{7}$$
答え $\frac{1}{7}$ m²

②縦 $\frac{6}{5}$ m、横 $\frac{5}{12}$ m の
長方形の面積
$$\frac{6}{5} \times \frac{5}{12} = \frac{\overset{1}{6} \times \overset{1}{5}}{\underset{1}{5} \times \underset{2}{12}}$$
$$= \frac{1}{2}$$
答え $\frac{1}{2}$ m²

式の途中の約分が簡単。

---

4 他の長方形の面積も求めよう

　辺の長さが分数値である他の長方形の面積を求めさせる。約分ができる数値設定になっているので，約分させる。
　式の途中で約分するか，答えを出したあとで約分するかの判断は子どもに任せる。複数の面積を求める活動を通して，式の途中で約分する方が簡単であることに気付かせていくことが大切である。

まとめ

　辺の長さが分数値の長方形の求積では，既習の小数値の長方形の求積学習とつなげることで，分数値でも計算ができることに気付かせることが大切である。また，分数 × 分数の計算を形式的に進めずに，長方形の図と関連付けることも大切である。
　約分を計算途中で行うのか計算後行うのかは，複数の問題を通して子どもが選択していくことも大切にしたい。

本時案

帯分数 × 帯分数の計算を考えよう

授業の流れ

1 辺の長さが帯分数の求積をしよう

辺の長さが帯分数の長方形の面積の求め方を考えさせる。既習学習から，帯分数値であっても立式することは簡単にできる。しかし，帯分数同士のかけ算は初めてである。どのように計算したらよいのかが問いとなる。そこで，どのように計算できそうかアイディアを発表させる。

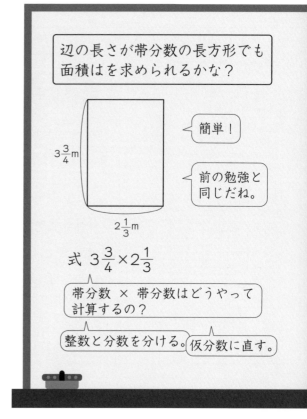

2 $(3 \times 2) + \frac{3 \times 1}{4 \times 3} \times 3$ のやり方はわかるかな？

$3\frac{3}{4} \times 2\frac{1}{3}$ の計算を子どもたちに自由に取り組ませる。帯分数を整数と分数に分割した式のみを提示し，式から考え方を全員で読解することが大切である。

整数同士，分数同士をかけ算する方法は，子どもの論理は通っている。この方法の正当性を教師が意図的に強調することで，「本当かな」「私は答えが違うんだけど」という声や気付きを引き出していきたい。

3 $6\frac{1}{4}$ でいいのかな？

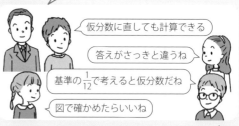

仮分数に直す計算と比較させることで，$6\frac{1}{4}$ の答えに対する違和感の原因を考えさせる。式だけではどちらも正しそうにみえる。そこで，図と関連付けることで，正しい求め方に気付かせる。

1 対称な図形

2 文字と式

3 分数と整数のかけ算・わり算

4 分数と分数のかけ算

5 分数と分数のわり算

6 比とその利用

7 拡大図・縮図

8 円の面積

9 立体の体積

本時の評価

・帯分数×帯分数の計算方法を，単なる式変形で進めるのではなく，式と面積図を関連付けることで，正しい求め方を見いだすことができたか。
・帯分数×帯分数の計算も，図の中の基準量の縦×横分で求められることに気付くことができたか。

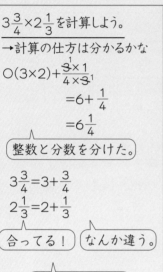

$3\frac{3}{4} \times 2\frac{1}{3}$ を計算しよう。
→計算の仕方は分かるかな

$\bigcirc (3 \times 2) + \dfrac{3 \times 1}{4 \times 3}$

$= 6 + \dfrac{1}{4}$

$= 6\frac{1}{4}$

整数と分数を分けた。

$3\frac{3}{4} = 3 + \dfrac{3}{4}$

$2\frac{1}{3} = 2 + \dfrac{1}{3}$

合ってる！　なんか違う。

私は答えが違う。

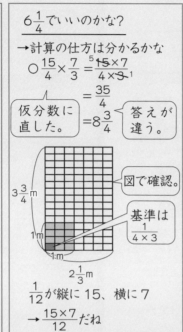

$6\frac{1}{4}$ でいいのかな？
→計算の仕方は分かるかな

$\bigcirc \dfrac{15}{4} \times \dfrac{7}{3} = \dfrac{15 \times 7}{4 \times 3}$

仮分数に直した。

$= \dfrac{35}{4}$

$= 8\frac{3}{4}$

答えが違う。

図で確認。

$3\frac{3}{4}$ m　1m　1m

基準は $\dfrac{1}{4 \times 3}$

$2\frac{1}{3}$ m

$\dfrac{1}{12}$ が縦に 15，横に 7

→ $\dfrac{15 \times 7}{12}$ だね

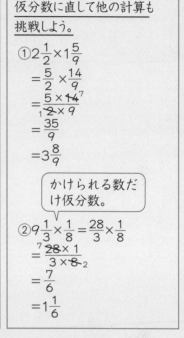

仮分数に直して他の計算も挑戦しよう。

① $2\frac{1}{2} \times 1\frac{5}{9}$

$= \dfrac{5}{2} \times \dfrac{14}{9}$

$= \dfrac{5 \times 14}{2 \times 9}$

$= \dfrac{35}{9}$

$= 3\frac{8}{9}$

かけられる数だけ仮分数。

② $9\frac{1}{3} \times \dfrac{1}{8} = \dfrac{28}{3} \times \dfrac{1}{8}$

$= \dfrac{28 \times 1}{3 \times 8}$

$= \dfrac{7}{6}$

$= 1\frac{1}{6}$

4 仮分数に直して計算しよう

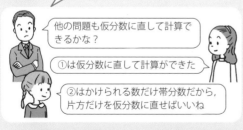

他の問題も仮分数に直して計算できるかな？

①は仮分数に直して計算ができた

②はかけられる数だけ帯分数だから，片方だけを仮分数に直せばいいね

　仮分数に直す計算方法で，他の帯分数の計算にも挑戦させる。① $2\frac{1}{2} \times 1\frac{5}{9}$ は，そのまま仮分数に直して計算ができる。② $9\frac{1}{3} \times \dfrac{1}{8}$ は，かけられる数だけを仮分数に直すことで計算ができる。

まとめ

　辺の長さが帯分数値の長方形の求め方を考えさせる。単なる式変形だけで考えると，帯分数を整数と分数に分けて計算する方法も正しく思える。本単元で大切なことは，式の意味を図の中に見いだしていくことである。それができれば，仮分数に直す計算方法の正しさや意味が見えてくる。整数と分数に分けても計算方法を工夫すれば求積できる。子どもから生まれたら，取り上げる。

本時案

小数と分数の計算を考えよう

本時の目標

・大きさ比べゲームを通して，小数 × 分数の計算の仕方を考え，その計算に習熟することができる。
・かける数と積の大きさの関係に気付くことができる。

授業の流れ

1 大きい方が勝ちゲームをしよう

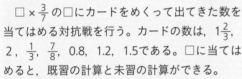

$\square \times \dfrac{3}{7}$ の $\square$ にカードをめくって出てきた数を当てはめる対抗戦を行う。カードの数は，$1\dfrac{2}{3}$，2，$\dfrac{1}{3}$，$\dfrac{7}{8}$，0.8，1.2，1.5である。$\square$ に当てはめると，既習の計算と未習の計算ができる。

$\square$ が 2 の場合は，$\dfrac{2}{1}$ と分数に直せば計算ができることに気付かせる。

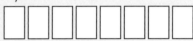

大きい方が勝ちゲームをしよう。

$\dfrac{3}{7} \times \square$

□ □ □ □ □ □ □ □

〈ルール〉
・カードを1枚めくり□に入れる
・計算して答えが大きい方が勝ち
・めくったカードはもどさない
Aチーム　□＝2

2は $\dfrac{2}{1}$ と考えればいいね。

おもしろしそう。

$\dfrac{3}{7} \times 2 = \dfrac{3}{7} \times \dfrac{2}{1}$

$= \dfrac{3 \times 2}{7 \times 1}$

$= \dfrac{6}{7}$

2 □＝1.2ならどうやって計算するの？

$\dfrac{3}{7} \times 1.2$ の計算方法を考えさせる。小数か分数のどちらかに揃えて計算するアイディアを引き出す。揃える見方を価値づける。

$\dfrac{3}{7}$ は $3 \div 7$ の答えがわり切れない。一方，1.2 は $\dfrac{12}{10}$ と分数に置き換えることができる。この結果から，小数と分数が混じった計算では，分数に揃える方法には汎用性があること，小数に揃える方法は分数 ÷ 小数がわり切れる場合に限られることにも気付かせていきたい。

3 1より大きい数をかけると答えは？

カードを引いた瞬間，勝負の結果が判断できることがある。1より大きい数と小さい数がひかれた場合である。勝負の結果判定がすぐにできる理由が，ひかれる数と1との関係にあることへの気付きを引き出すことが大切である。この見方は，小数のかけ算でも行っている。既習の小数の学習とつなげる見方が生まれたら価値づけていきたい。

1 対称な図形

2 文字と式

3 分数と整数の かけ算・わり算

4 分数と分数の かけ算

5 分数と分数の わり算

6 比とその利用

7 拡大図・縮図

8 円の面積

9 立体の体積

本時の評価

・大きさ比べゲームを通して，小数×分数の計算では分数に揃えて計算することで，どのような数値でも計算できることに気付くことができる。また，その計算に習熟することができる。

・かける数が1より大きい場合と小さい場合の，積の大きさとかける数の関係に気付くことができる。

あれ、小数だ。

Bチーム　□＝1.2

$\frac{3}{7} \times 1.2$

小数か分数にそろえよう。

$\frac{3}{7} = 0.4285\cdots$　わり切れない。

$1.2 = \frac{12}{10}$　分数ならそろう。

$\frac{3}{7} \times 1.2 = \frac{3}{7} \times \frac{12}{10}$

$= \frac{3 \times \overset{6}{\cancel{12}}}{7 \times \cancel{10}5}$

$= \frac{18}{35}$

A： $\frac{6}{7} = \frac{30}{35}$ ☆

○Aチームの勝ち

→分数ならいつでも計算できる

2回戦をしよう　分数に直せばいいね。

Aチーム　□＝0.8

$0.8 = \frac{8}{10}$

$\frac{3}{7} \times \frac{8}{10} = \frac{3 \times \overset{4}{\cancel{8}}}{7 \times \cancel{10}5}$

$= \frac{12}{35}$

Bチーム　□＝ $1\frac{2}{3}$

勝った。　何でわかるの？

1より大きい数をかけるから $\frac{3}{7}$ より大きくなる。

小数のかけ算と同じだ。

$\frac{3}{7} \times 1\frac{2}{3} = \frac{3}{7} \times \frac{5}{3}$

$= \frac{\overset{1}{\cancel{3}} \times 5}{7 \times \cancel{3}1}$

本当だ。 $= \frac{5}{7} \left(\frac{25}{35} \right)$ ☆

B： $\frac{5}{7} = \frac{25}{35} > \frac{12}{35}$

1より小さい数をかけると答えは $\frac{3}{7}$ より小さくなる。

1より大きい分数をかけると積はかけられる数より大きくなる。1より小さい数をかけると積はかけられる数より小さくなる。

3回戦をしよう

Aチーム　□＝1.5

$\frac{3}{7} \times 1.5 = \frac{3}{7} \times \frac{15}{10}$

$= \frac{3 \times \overset{3}{\cancel{15}}}{7 \times \cancel{10}2}$

$= \frac{9}{14}$　どちらも1より大きいね。

Bチーム　□＝ $1\frac{2}{3}$

$\frac{3}{7} \times 1\frac{2}{3} = \frac{3}{7} \times \frac{5}{3}$

$= \frac{\overset{1}{\cancel{3}} \times 5}{7 \times \cancel{3}1}$

$= \frac{5}{7} \left(\frac{10}{14} \right)$ ☆

A：1勝　B：2勝

---

4 どちらも1より大きいね

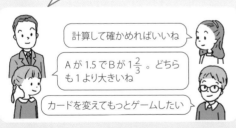

計算して確かめればいいね

Aが1.5でBが $1\frac{2}{3}$ 。どちらも1より大きいね

カードを変えてもっとゲームしたい

どちらも1より大きい数がひかれた場合は，計算することで大小比較ができる。カードを変えたり増やしたりすることで，練習を兼ねてゲームを楽しむことができる。

まとめ

　小数と分数が混在したかけ算の計算方法を考えさせる。分数に揃える見方は，単位を揃える計算などでも経験している。これらの既習学習と関連付けて考えることが大切である。かける数が1を基準とした大きさと積の関係も，小数のかけ算でも学んでいる。この見方を引き出すことも大切である。形式的にまとめるのではなく，既習の見方とつなげスパイラルに考えることが大切である。

本時案

３つの分数の
かけ算を考えよう

6/8

本時の目標

・３つの分数のかけ算の計算の仕方を考える
ことができ，その計算に習熟することができ
る。

授業の流れ

1 体積を求めよう

辺の長さが
全部分数だ

辺の長さが小数はそのまま
かけたら，同じだね

小数とつなげ
て考えたのが
いいですね

式は $\frac{2}{5} \times \frac{3}{4} \times \frac{4}{5}$
になるね

　３辺の長さが分数の直方体の体積を求め
る。３辺が小数の体積を求める既習の学習と
関連づけることができれば，小数と同様に分数
も立式できることが見えてくる。

　３つの分数のかけ算は初めてである。計算
の仕方を考えさせ，まずは前の２つのかけ算
を先に計算する方法を取り上げる。

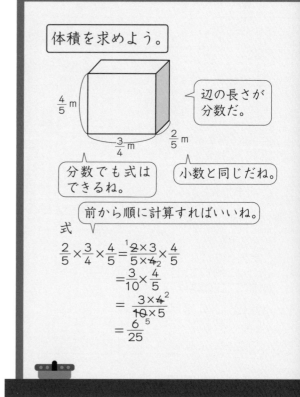

体積を求めよう。

$\frac{4}{5}$ m

$\frac{3}{4}$ m

$\frac{2}{5}$ m

辺の長さが
分数だ。

分数でも式は
できるね。

小数と同じだね。

前から順に計算すればいいね。

式

$$\frac{2}{5} \times \frac{3}{4} \times \frac{4}{5} = \frac{\overset{1}{2} \times 3}{5 \times \underset{2}{4}} \times \frac{4}{5}$$

$$= \frac{3}{10} \times \frac{4}{5}$$

$$= \frac{3 \times \overset{2}{4}}{\underset{5}{10} \times 5}$$

$$= \frac{6}{25}$$

2 ３つをまとめて計算できるかな?

　　　　　３つの分数を前の２つ分を先
　　　　　に計算する方法を意図的に先に
　　　　　取り上げた。その結果をもと
　　　　　に，「３つを一緒に計算できな
　　　　　いかな」「一緒の方が簡単にで
きそう」という声を引き出し，３つを一緒に計
算する方法へとつなげていくことが大切である。
　実際に子どもたちに計算せることで，式の数
が少なくなることや，短い時間で計算ができる
ことを実感させていきたい。

3 ３つの分数のかけ算に挑戦

$\frac{3 \times 2 \times 6}{4 \times 3 \times 7}$ は,
途中で約分で
きるね

約分した後も
もう１回約分
できるよ

$\frac{3 \times 1 \times 2}{2 \times 1 \times 7}$ だから２と２
が約分できるね

約分の約分をすると簡単だね

　① $\frac{3}{4} \times \frac{2}{3} \times \frac{6}{7}$ は途中で約分ができるが，約
分した数同士がさらに約分ができる。この気付
きを引き出していくことが大切である。

3つの分数のかけ算を考えよう
074

本時の評価

・３つの分数のかけ算の計算の仕方を，既習の小数のかけ算と関連付けることで考えることができる。
・３つの分数の計算を通して，まとめて計算するよさや途中で約分するよさを実感し，その計算に習熟することができる。

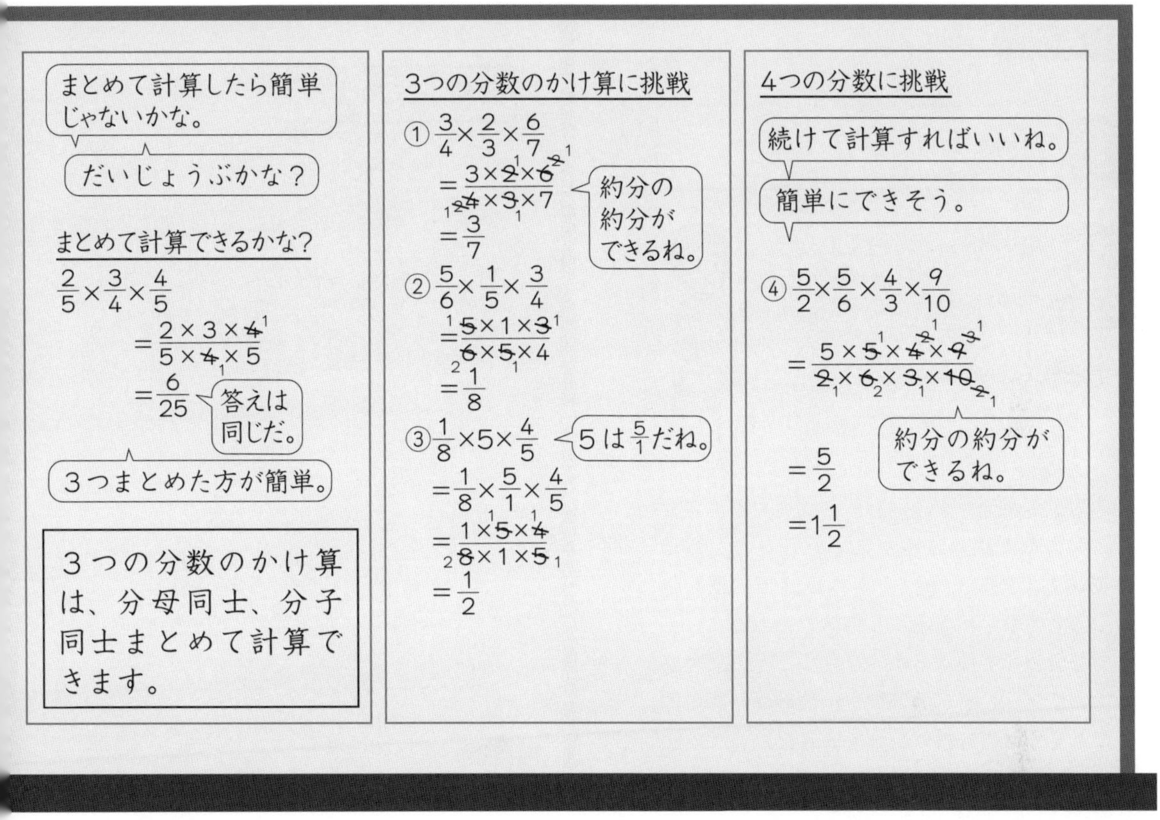

まとめて計算したら簡単じゃないかな。
だいじょうぶかな？
まとめて計算できるかな？
$\frac{2}{5}\times\frac{3}{4}\times\frac{4}{5}$
$=\frac{2\times3\times4}{5\times4\times5}$
$=\frac{6}{25}$
答えは同じだ。
３つまとめた方が簡単。
３つの分数のかけ算は、分母同士、分子同士まとめて計算できます。
3つの分数のかけ算に挑戦
① $\frac{3}{4}\times\frac{2}{3}\times\frac{6}{7}$
$=\frac{3\times2\times6}{4\times3\times7}$
$=\frac{3}{7}$
約分の約分ができるね。
② $\frac{5}{6}\times\frac{1}{5}\times\frac{3}{4}$
$=\frac{5\times1\times3}{6\times5\times4}$
$=\frac{1}{8}$
③ $\frac{1}{8}\times5\times\frac{4}{5}$
5は$\frac{5}{1}$だね。
$=\frac{1}{8}\times\frac{5}{1}\times\frac{4}{5}$
$=\frac{1\times5\times4}{8\times1\times5}$
$=\frac{1}{2}$
4つの分数に挑戦
続けて計算すればいいね。
簡単にできそう。
④ $\frac{5}{2}\times\frac{5}{6}\times\frac{4}{3}\times\frac{9}{10}$
$=\frac{5\times5\times4\times9}{2\times6\times3\times10}$
約分の約分ができるね。
$=\frac{5}{2}$
$=1\frac{1}{2}$

4 ４つの分数に挑戦しよう

分数が４つつながってもできそうだよ
まとめて計算すればいいね
約分の約分ができるね

３つの分数の計算をしている中から，「４つの分数もできそう」という声が生まれてくることを期待したい。４つをまとめて計算することや，式の途中で約分の約分ができることにも気付かせていく。

まとめ

辺の長さが分数値の直方体の体積の求め方を考えさせる。辺の長さが小数値の既習の学習とつなげた見方を引き出し，価値づけていくことが大切である。形式的に立式するのではなく，既習と関連付ける展開が大切である。

３つの分数の計算では，まとめて計算するよさや，計算の途中で約分の約分ができるよさに気付かせていくことが大切である。

分数の計算の きまりを考えよう

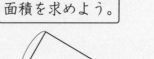

本時の目標

・分数についても，かけ算の交換法則や結合法則，分配法則が成り立つことを理解することができる。

授業の流れ

1 面積を求めよう

式は $\frac{2}{5} \times \frac{3}{4}$ だ

私は反対だよ。$\frac{3}{4} \times \frac{2}{5}$ だよ。答えは同じかな？

どちらも同じ答えになったね

反対にしても答えが同じなのは，整数のかけ算と同じだね

　辺の長さが分数値の長方形の面積を求めさせる。長方形が斜めに置かれているため，式は2種類生まれてくる。いずれの式で求積しても，答えは等しくなる。この結果をもとに，分数でも乗法の交換法則が成り立つことに気付かせていきたい。また，整数や小数のかけ算と同じであることにも気付かせていきたい。

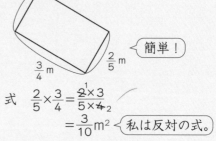

面積を求めよう。

$\frac{3}{4}$ m　$\frac{2}{5}$ m　簡単！

式　$\dfrac{2}{5} \times \dfrac{3}{4} = \dfrac{\overset{1}{\cancel{2}} \times 3}{5 \times \cancel{4}_{2}}$

　　　　　$= \dfrac{3}{10}$ m^2　私は反対の式。

$\dfrac{3}{4} \times \dfrac{2}{5} = \dfrac{3 \times \overset{1}{\cancel{2}}}{\cancel{4}_{2} \times 5}$

　　　　$= \dfrac{3}{10}$ m^2　同じ答えだ。

整数のかけ算と同じだ。

→分数でも $a \times b = b \times b$ が成り立つ

2 体積を求めよう

　　　辺の長さが分数値の体積の求め方を考えさせる。直方体が斜めに提示されているため，式は1つに決まらない。しかし，いずれの求め方でも答えは等しくなる。すなわち，3口の分数のかけ算での交換法則が成立する気付きを引き出していきたい。

　この場面でも同様の発見を整数や小数の計算でも体験していることと関連付ける見方を引き出し価値づけていきたい。

3 色がぬられた面積を求めよう

2色を別々に計算すると $\frac{5}{24}$ m^2

2色をまとめて計算しても同じ答えだね

整数・小数と同じきまりがあてはまるね

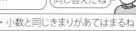

　2色に塗られた長方形の面積を求めさせる。辺の長さが分数値であっても，分配法則が成り立つことを，実際に計算で確かめて実感させることが大切である。整数・小数の分配法則と関連づけることも大切である。

本時の評価

・分数についても，かけ算の交換法則や結合法則，分配法則が成り立つことを，面積や体積の図と関連付けながら理解することができる。

・分数のかけ算の交換法則や結合法則，分配法則を図の中に見いだし，説明することができる。

体積を求めよう。

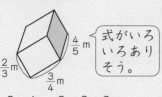

式がいろいろありそう。

$(\frac{3}{4} \times \frac{4}{5}) \times \frac{2}{3} = \frac{3}{5} \times \frac{2}{3}$

別の式がある。

$= \frac{2}{5}$ m³

$\frac{3}{4} \times (\frac{4}{5} \times \frac{2}{3}) = \frac{3}{4} \times \frac{8}{15}$

$= \frac{2}{5}$ m³

整数のかけ算と同じだ。

→分数でも $(a \times b) \times c = a \times (b \times c)$ が成り立つ

色がぬられた面積を求めよう。

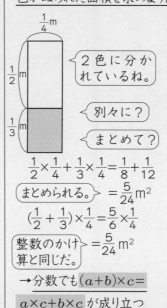

2色に分かれているね。

別々に？　まとめて？

$\frac{1}{2} \times \frac{1}{4} + \frac{1}{3} \times \frac{1}{4} = \frac{1}{8} + \frac{1}{12}$

まとめられる。　$= \frac{5}{24}$ m²

$(\frac{1}{2} + \frac{1}{3}) \times \frac{1}{4} = \frac{5}{6} \times \frac{1}{4}$

整数のかけ算と同じだ。　$= \frac{5}{24}$ m²

→分数でも $(a+b) \times c = a \times c + b \times c$ が成り立つ

黄色の面積を求めよう。

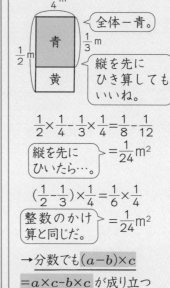

青　黄

全体−青。

縦を先にひき算してもいいね。

$\frac{1}{2} \times \frac{1}{4} - \frac{1}{3} \times \frac{1}{4} = \frac{1}{8} - \frac{1}{12}$

縦を先にひいたら…。　$= \frac{1}{24}$ m²

$(\frac{1}{2} - \frac{1}{3}) \times \frac{1}{4} = \frac{1}{6} \times \frac{1}{4}$

整数のかけ算と同じだ。　$= \frac{1}{24}$ m²

→分数でも $(a-b) \times c = a \times c - b \times c$ が成り立つ

---

4 黄色の面積を求めよう

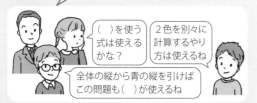

（ ）を使う式は使えるかな？

2色を別々に計算するやり方は使えるね

全体の縦から青の縦を引けばこの問題も（ ）が使えるね

　前問と似ている図形である。2つに分けて計算する見方は，この問題でも使える。また，分配法則の見方は前問での見方をひき算に置き換え適用ができる。この場合も分配法則が分数でも成り立つ気付きを価値付けていきたい。

まとめ

　整数や小数で成り立った交換法則・結合法則・分配法則が，分数でも成り立つことを計算を通して確かめさせる。

　単なる計算結果の確かめで終わらないように，面積や体積の図と関連付けて展開を進める。式の意味を図の中に見いだすことが大切である。また，整数・小数での学習への想起を引き出し，同じきまりが整数・小数・分数で成り立つおもしろさも気付かせたい。

1 対称な図形
2 文字と式
3 分数と整数のかけ算・わり算
4 分数と分数のかけ算
5 分数と分数のわり算
6 比とその利用
7 拡大図・縮図
8 円の面積
9 立体の体積

逆数について理解する

本時の目標
・答えが 1 になる分数 × 分数の式を考える活動を通して，逆数について理解することができる。

授業の流れ

1 $\frac{\square}{\square} \times \frac{\square}{\square} = \frac{5}{8}$ の式を作ろう

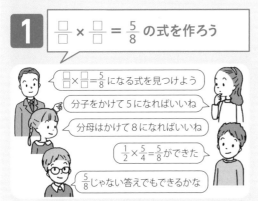

$\frac{\square}{\square} \times \frac{\square}{\square} = \frac{5}{8}$ になる式を見つけよう

分子をかけて 5 になればいいね

分母はかけて 8 になればいいね

$\frac{1}{2} \times \frac{5}{4} = \frac{5}{8}$ ができた

$\frac{5}{8}$ じゃない答えでもできるかな

$\frac{\square}{\square} \times \frac{\square}{\square} = \frac{5}{8}$ の□に数字カードを当てはめて式を作る。分母同士をかけて 8，分子同士をかけて 5 になるように式を見つければよいことに気付かせていく。

$\frac{5}{8}$ になる式を見つけていく中から，「答えが他の式でもできるかな」という声を引き出していきたい。

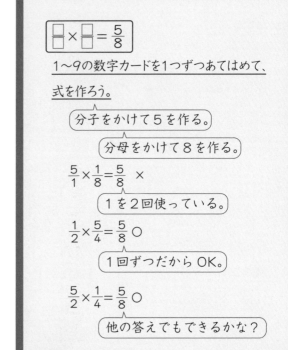

$\frac{\square}{\square} \times \frac{\square}{\square} = \frac{5}{8}$

1〜9の数字カードを1つずつあてはめて、式を作ろう。

分子をかけて 5 を作る。

分母をかけて 8 を作る。

$\frac{5}{1} \times \frac{1}{8} = \frac{5}{8}$ ×

1 を 2 回使っている。

$\frac{1}{2} \times \frac{5}{4} = \frac{5}{8}$ 〇

1 回ずつだから OK。

$\frac{5}{2} \times \frac{1}{4} = \frac{5}{8}$ 〇

他の答えでもできるかな？

2 $\frac{\square}{\square} \times \frac{\square}{\square} = 1$ はできるかな？

$\frac{\square}{\square} \times \frac{\square}{\square} = 1$ の場合を考えさせる。答えが 1 のままでは，式を見つけることは難しい。そこで，$1 = \frac{6}{6}$ や $\frac{8}{8}$ などに置き換えることで求めやすくなることに気付かせていきたい。

答えが 1 になる式を複数板書する。その中から，「約分すると反対になる」という気付きを引き出していきたい。気付きが生まれない場合は，「なにかおもしろいことが見えないかな」と教師が投げかけてもよい。

3 おもしろいことが見えるかな？

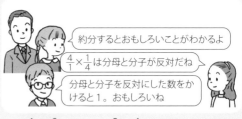

約分するとおもしろいことがわかるよ

$\frac{4}{1} \times \frac{1}{4}$ は分母と分子が反対だね

分母と分子を反対にした数をかけると 1。おもしろいね

①$\frac{1}{2} \times \frac{6}{3} = 1$，②$\frac{8}{2} \times \frac{1}{4} = 1$ の 2 つの式を例におもしろいことが何かを考えさせる。ヒントを子どもから引き出しながら，約分すると逆数の関係が見えるおもしろさに気付かせていきたい。

本時の評価

・答えが 1 になる分数 × 分数の式を考える活動を通して，式を約分すると分母と分子が反対の関係になっていることに気付くことができる。

・さまざまな数の逆数を見つける活動を通して，分数に置き換えることで逆数を見つけることができることに気付くことができる。

$\frac{\square}{\square} \times \frac{\square}{\square} = 1$ はできる？

$\frac{1}{1}$ ということ？

分母分子をかけて 1 になる式はないよ。

$\frac{6}{6}$ ならできるかな？

$\frac{1}{2} \times \frac{6}{3} = \frac{6}{6} = 1$ ○

$\frac{6}{2} \times \frac{1}{3} = \frac{6}{6} = 1$ ○

$\frac{8}{8}$ でもできる。

$\frac{1}{2} \times \frac{8}{4} = \frac{8}{8} = 1$ ○

$\frac{8}{2} \times \frac{1}{4} = \frac{8}{8} = 1$ ○

約分すると反対だ。

おもしろい。

おもしろいことが見えるかな

例えば

① $\frac{1}{2} \times \frac{6}{3} = 1$

② $\frac{8}{2} \times \frac{1}{4} = 1$　ヒントがほしい。

① $\frac{1}{2} \times \frac{6}{3} = \frac{1}{2} \times \frac{2}{1} = 1$　約分。

② $\frac{8}{2} \times \frac{1}{4} = \frac{4}{1} \times \frac{1}{4} = 1$

分母と分子が反対。

2つの積が 1 になるとき，一方の数をもう一方の数の逆数といいます。逆数は，分母と分子を入れ替えた分数です。

$$\frac{b}{a} \times\!\!\!\!\!\times \frac{a}{b}$$

逆数を見つけよう

① $\frac{4}{5} \rightarrow \frac{5}{4}$

② $\frac{11}{3} \rightarrow \frac{3}{11}$

③ $1\frac{3}{5}$　帯分数だ。

仮分数に直せば？

$1\frac{3}{5} = \frac{8}{5} \rightarrow \frac{5}{8}$

④ 0.7　小数だよ。

分数に直せばできる。

$0.7 = \frac{7}{10} \rightarrow \frac{10}{7}$

⑤ 7　整数。

$\frac{7}{1}$ にしたら？

$7 = \frac{7}{1} \rightarrow \frac{1}{7}$

---

4 逆数を見つけよう

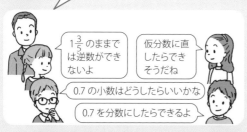

$1\frac{3}{5}$ のままでは逆数ができないよ

仮分数に直したらできそうだね

0.7 の小数はどうしたらいいかな

0.7 を分数にしたらできるよ

いろいろな数の逆数を見つけさせる。帯分数は仮分数に，小数は分数に，整数も分数に置き換えるアイディアを引き出すことが大切である。

まとめ

$\frac{\square}{\square} \times \frac{\square}{\square} = 1$ の□に入る数を考える活動を通して，逆数をかけると 1 になることに気付かせていきたい。機械的に逆数を教えるのではなく，答えが 1 になる式を比較する中から，帰納的に逆数の関係を見つけさせていく。また，逆数の関係のおもしろさについても実感をさせていきたい。様々な数の逆数を見つける場面では，分数に置き換える見方を価値づけていきたい。

1 対称な図形

2 文字と式

3 分数と整数のかけ算・わり算

4 分数と分数のかけ算

5 分数と分数のわり算

6 比とその利用

7 拡大図・縮図

8 円の面積

9 立体の体積

5 分数と分数のわり算 （10時間扱い）

単元の目標

・分数のわり算の意味を理解し，その計算の仕方を図やきまりを用いて説明したり，正しく計算したりすることができる。

評価規準

知識・技能	①（分数）÷（分数）の計算の意味と計算のしかたを理解し，分数の除法でも，整数の場合と同じ関係が成り立つことを理解して計算をすることができる。
思考・判断・表現	②（分数）÷（分数）の計算のしかたを，既習事項をもとに，数直線や図，式を用いて考える力を養う。
主体的に学習に取り組む態度	③（分数）÷（分数）の計算のしかたを，既習事項をもとに考えようとする態度を養う。

指導計画 全10時間

次	時	主な学習活動
第1次「分数÷分数の計算」	1	分数のわり算は1あたりの大きさを求めることや分数のかけ算の計算を類推して計算をすることができる。
	2	分母・分子がわり切れない計算を考える活動を通して，倍分することで計算することができることがわかる。
	3	倍分して計算した分数÷分数の式を比較することで，わる数を逆数にする計算方法があることに気付くことができる。
	4	仮分数や帯分数のわり算の問題を考えることを通して，仮分数に直して計算ができることが理解できる。
第2次「分数のわり算の適用問題」	5	分数のわり算で，あまりが出る問題の答えを考えることを通して，包含除場面の理解を深めることができる。
	6	分数カードゲームを通して，分数のわり算でのわる数の大きさと商の大きさの関係に気付くことができる。
第3次「四則が混じった計算」	7	分数や小数の混じった計算の仕方を考え，よりよい計算方法を見つけることができる。
	8	小数のわり算に取り組む活動を通して，小数を分数に直す方が簡単に計算できる場合があることに気付くことができる。
	9	文章問題に取り組むことを通し，4ます表や数直線などを活用し式を見つけ正しく計算することができる。
	10	分数の加減乗除の組み合わせで数を作る活動を通して，分数の計算に対する感覚を磨くことができる。

単元の基礎・基本と見方・考え方

(1)分数でわる意味を考える

わり算には，包含除の場面と等分除の場面がある。下のアの問題は包含除，イの場面は等分除の場面である。

ア　$\frac{3}{4}$ m のテープから，$\frac{2}{5}$ m のテープは何本とれるでしょうか。

イ　$\frac{2}{5}$ 分で $\frac{3}{4}$ L のジュースを作る機械があります。この機械で1分間に作ることができるジュースは何Lでしょうか。

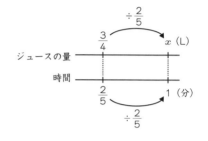

答えを求める式は，どちらも $\frac{3}{4} \div \frac{2}{5}$ となる。子どもにとって，何本のテープがとれるかを考えるアの問題は立式が容易である。一方，イの問題は立式そのものにかなりの抵抗がある。問題文の数値が両方とも分数であること，問題文を読んでも立式が乗法なのか除法なのか自体のイメージがつかめにくいことが原因である。実は，小数のわり算の学習でも「1当たりの量を求める」計算として似たような問題場面は経験している。それにもかかわらず，子どもにとっては「1当たりの量を求める」計算は立式自体が難しい。

ここでは，問題場面を4ます関係表や数直線に整理することが大切である。複雑に見える問題場面を，シンプルな場面に置き換えるのである。シンプルな場面に置き換えることで，問題が求めているのは「1当たり（1分）の大きさ（ジュースの量）」であることが見えてくる。

(2)分数÷分数の計算の仕方を既習とつなげる見方・考え方を引き出す

分数÷分数の単元の目的は，「わる数をひっくり返してかける」という計算技法だけを教えて，あとは計算練習に取り組むことではない。大切なことは，分数÷分数の計算の仕方を子ども自身が見いだしていくことである。

既習の分数×分数の計算の仕方をもとにすれば，「分数÷分数も分母同士・分子同士をわり算すれば計算ができるのではないか」という類推的なアイディアが子どもから生まれてくる。既習の学習を活用する見方・考え方を引き出し展開を進めることが大切である。倍分の考え方を組み込むことで，子どもたちの見方・考え方で分数÷分数の計算の仕方を考えていく展開ができる。

また，「1当たりの大きさ」を求めるという等分除の意味から，計算の仕方を考えることもできる。例えば，前述のイの $\frac{3}{4} \div \frac{2}{5}$ であれば，1分当たりの大きさを求めることになる。1分当たりを求めるとは，$\frac{3}{4}$ を $\frac{5}{2}$ 倍することでもある。このように考えれば，$\frac{3}{4} \div \frac{2}{5} = \frac{3}{4} \times \frac{5}{2}$ と考えることもできる。

これらの計算方法は，図と関連づけることでその正しさが証明できる。問題場面を右のような面積図に置き換え，被除数・除数・商が図のどこの部分に当たるのかを読解させる。機械的な計算を行うのではなく，式と図を関連付け，その意味を考えながら授業展開することが大切である。

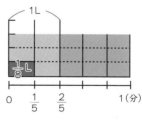

1　対称な図形

2　文字と式

3　分数と整数のかけ算・わり算

4　分数と分数のかけ算

5　分数と分数のわり算

6　比とその利用

7　拡大図・縮図

8　円の面積

9　立体の体積

本時案

分数 ÷ 分数を
考えよう

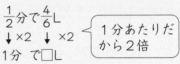
1/10

授業の流れ

1 1分では何Lのジュースができる

問題場面をもとに，どんな立式ができるのかを考えさせる。$\frac{4}{6}$L，$\frac{1}{2}$分と2つの分数があるためにかけ算かわり算かすぐには判断ができない子どもが多い。そこで，表や数直線，分数を整数に置き換えるなどの方法で，かけ算になることを見つけさせる。

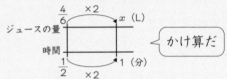

2 わり算の式でも表せるかな？

　問題文から，わり算の立式をイメージする子どももいる。そこで，4ます関係表や対応数直線などを使って，わり算の立式ができることを確認する。

1（分）当たりの大きさを求めるのがわり算である。整数や小数のわり算でも同様の学習を行っている。分数においても，1当たりの大きさを求めるのはわり算であることを確認することも大切である。

3 $\frac{4}{6} \div \frac{1}{2}$ は計算できるの？

　$\frac{4}{6} \div \frac{1}{2}$ の計算の仕方を考えさせる。既習の分数のかけ算から類推し，分母同士・分子同士をわり算すれば計算ができると考える見方が生まれる。この見方を価値づけることが大切である。分母同士・分子同士を計算することで，答えを求めることはできる。答えの確かさを，図で確認することが大切である。図からも1分当たりを求める大きさが $\frac{8}{6}$L になることを確認する。

1 対称な図形

2 文字と式

3 分数と整数の かけ算・わり算

4 分数と分数の かけ算

5 分数と分数の わり算

6 比とその利用

7 拡大図・縮図

8 円の面積

9 立体の体積

本時の評価

・$\frac{4}{6} \div \frac{1}{2}$ の計算の仕方を考える活動を通して，分数のわり算は 1 あたりの大きさを求めることを図を使って確認することができる。

・分数のかけ算の計算の仕方から類推して，分数 ÷ 分数の計算の仕方を考え計算することができる。

わり算の式でも表せるかな？

> 表をかけば分かる。

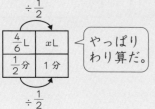

> やっぱりわり算だ。

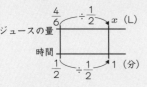

→ 1分当たりだからわり算

式は $\frac{4}{6} \div \frac{1}{2}$

> どうやって計算するの？

$\frac{4}{6} \div \frac{1}{2}$ の計算はできる？

> かけ算と同じで分母分子をわればいいんじゃないかな？

$$\frac{4}{6} \div \frac{1}{2} = \frac{4 \div 1}{6 \div 2}$$
$$= \frac{4}{3} L$$

> 合ってるの？

○ 図で確認しよう

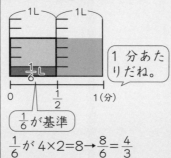

> 1 分あたりだね。

> $\frac{1}{6}$ が基準

$\frac{1}{6}$ が $4 \times 2 = 8 \rightarrow \frac{8}{6} = \frac{4}{3}$

$\frac{1}{3}$ 分で $\frac{4}{6}$ L ならどうなるかな？

> かけ算でもわり算でもできそうだね。

○かけ算

$\frac{1}{3}$ 分→1 分なら 3 倍

$$\frac{4}{6} \times 3 = \frac{4 \times 3}{6}$$
$$= \frac{12}{6}$$
$$= 2L$$

○わり算

$$\frac{4}{6} \div \frac{1}{3} = \frac{4 \div 1}{6 \div 3}$$
$$= \frac{4}{2}$$
$$= 2L$$

> 分母分子がわれないときはどうすればいいのかな？

---

4 $\frac{1}{3}$ 分で $\frac{4}{6}$ L ならどうなるかな？

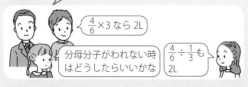

> $\frac{4}{6} \times 3$ なら 2L
> 分母分子がわれない時はどうしたらいいかな
> $\frac{4}{6} \div \frac{1}{3}$ も 2L

$\frac{1}{3}$ 分で $\frac{4}{6}$ L のジュースを作る機械の 1 分当たりの量を求める。かけ算でもわり算でも，求めることができる。計算のあと，「分母分子がわれない時はどうするの」という気付きを引き出していきたい。これが，次時の課題となる。

まとめ

　1 分あたりのジュースの量を求める問題から立式を考えさせる。$\frac{1}{2}$ 分の場合，かけ算・わり算の立式が生まれてくる。いずれの立式も，図と関連づけることでその式の正しさを説明できるように展開することが大切である。さらに，1 あたりの大きさを求める計算は，整数でも小数でもわり算で立式した既習学習と関連付けることも大切である。

本時案

わり切れない時の
分数 ÷ 分数を
考えよう

授業の流れ

1 1分では何Lのジュースができる

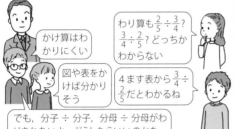

かけ算はわかりにくい

わり算も $\frac{2}{5} \div \frac{3}{4}$ ？ $\frac{3}{4} \div \frac{2}{5}$ ？どっちかわからない

図や表をかけば分かりそう

4ます表から $\frac{3}{4} \div \frac{2}{5}$ だとわかるね

でも，分子÷分子，分母÷分母がわりきれないよ。どうしたらいいのかな

前時の疑問をもとに，分母・分子同士がわり切れない問題を提示する。$\frac{2}{5}$分間の場合は $\frac{1}{2}$分と異なり，かけ算の立式は考えにくい。一方，わり算の立式も $\frac{2}{5} \div \frac{3}{4}$ か $\frac{3}{4} \div \frac{2}{5}$ なのかわかりにくい。4ます関係表などを使って，わり算の立式を確定していくことが大切である。

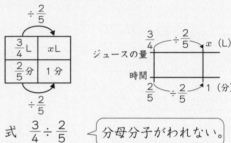

$\frac{2}{5}$分間で $\frac{3}{4}$L のジュースを作る機械があります。1分では何Lのジュースができますか。

かけ算？　　わり算？

かけ算はわかりにくいね。

$\frac{2}{5} \div \frac{3}{4}$ ？ $\frac{3}{4} \div \frac{2}{5}$ ？どっちなの？

○図や表で式を見つけよう

式　$\frac{3}{4} \div \frac{2}{5}$

分母分子がわれない。

2 $\frac{3}{4} \div \frac{2}{5}$ はどうやって計算するの？

分母同士，分子同士がわれない計算の仕方を考えさせる。分母・分子に同じ数をかけても大きさは変わらないというわり算のきまりを活用する見方を引き出したい。また，同じ見方は分数÷整数でも行っている。この学習を想起する見方も引き出していきたい。

一方，この段階ではまだ答えが合っているかどうかはわからない。この声も引き出していきたい。

3 $\frac{3}{4} \div \frac{2}{5} = \frac{15}{8}$ でいいの？

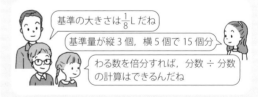

基準の大きさは $\frac{1}{8}$L だね

基準量が縦3個，横5個で15個分

わる数を倍分すれば，分数÷分数の計算はできるんだね

わられる数を倍分して計算した方法の確からしさを，図を使って確かめる。基準量が $\frac{1}{8}$L になることを押さえることが大切である。また，その基準量が縦に3個，横に5個分で15個分あることを図から確認することも大切である。

1 対称な図形

2 文字と式

3 分数と整数のかけ算・わり算

4 分数と分数のかけ算

5 分数と分数のわり算

6 比とその利用

7 拡大図・縮図

8 円の面積

9 立体の体積

本時の評価

・分母・分子がわり切れない場合の分数の計算の仕方を考える活動を通して，わる数を倍分することで計算することができることに気付くことができたか。

・わる数を倍分して計算する方法と図を関連づけることで，基準量が縦・横にいくつ分あるのかを考えることと分数の式が等しくなることに気付くことができたか。

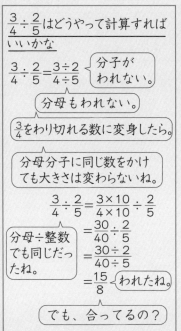

$\frac{3}{4} \div \frac{2}{5}$ はどうやって計算すればいいかな

$\frac{3}{4} \div \frac{2}{5} = \frac{3 \div 2}{4 \div 5}$ ← 分子がわれない。

← 分母もわれない。

$\frac{3}{4}$ をわり切れる数に変身したら。

分母分子に同じ数をかけても大きさは変わらないね。

$\frac{3}{4} \div \frac{2}{5} = \frac{3 \times 10}{4 \times 10} \div \frac{2}{5}$

分母÷整数でも同じだったね。

$= \frac{30}{40} \div \frac{2}{5}$

$= \frac{30 \div 2}{40 \div 5}$

$= \frac{15}{8}$ ← われたね。

← でも、合ってるの？

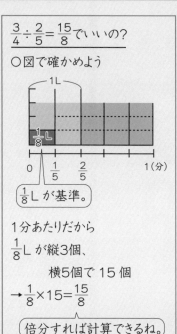

$\frac{3}{4} \div \frac{2}{5} = \frac{15}{8}$ でいいの？

○図で確かめよう

1L

$\frac{1}{8}$ L が基準。

1分あたりだから

$\frac{1}{8}$ L が縦3個、

横5個で 15 個

→ $\frac{1}{8} \times 15 = \frac{15}{8}$

← 倍分すれば計算できるね。

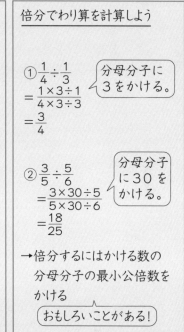

倍分でわり算を計算しよう

① $\frac{1}{4} \div \frac{1}{3}$

$= \frac{1 \times 3 \div 1}{4 \times 3 \div 3}$

$= \frac{3}{4}$

← 分母分子に 3 をかける。

② $\frac{3}{5} \div \frac{5}{6}$

$= \frac{3 \times 30 \div 5}{5 \times 30 \div 6}$

$= \frac{18}{25}$

← 分母分子に 30 をかける。

→ 倍分するにはかける数の分母分子の最小公倍数をかける

← おもしろいことがある！

4 倍分でわり算を計算しよう

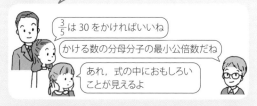

$\frac{3}{5}$ は 30 をかければいいね

かける数の分母分子の最小公倍数だね

あれ，式の中におもしろいことが見えるよ

倍分の求め方で，他の計算問題に挑戦する。複数の問題に取り組む中から，倍分するにはかける数の分母分子の最小公倍数をかけれるという気付きを引き出したい。また，式変形の共通点の気付きを引き出し次時へとつなげたい。

まとめ

分母分子がわり切れない問題場面を考えさせる。分数÷整数でも取り組んだわられる数を倍分する見方を引き出すことが大切である。また，倍分による計算結果を図と関連づけ，基準量が縦・横にいくつ分あるのかを考えることが式そのものであることを見いださせることが大切である。形式的な計算にならないように，常に図と関連づける展開が大切である。

本時案

分数 ÷ 分数と
逆数の関係

3/10

本時の目標

・倍分して計算した分数 ÷ 分数の式を比較する活動を通して，わる数を逆数にする計算方法があることに気付くことができる。

授業の流れ

1 分数 ÷ 分数の式を比べよう

前時に扱った「おもしろいことがある」とされた 2 つの式を取り上げる。式を比較させおもしろさに気付かせる。わり算を先に計算するなどのヒントを引き出し，わる数が逆数のかけ算になっていることを全員に気付かせる展開が大切である。

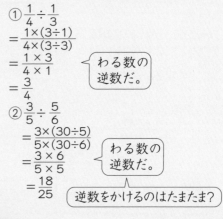

分数 ÷ 分数の式を比べて、おもしろいことは見えるかな？

わり算におもしろいことなんてあるの？

わり算を先に計算する。

① $\frac{1}{4} \div \frac{1}{3}$

$= \frac{1 \times (3 \div 1)}{4 \times (3 \div 3)}$

$= \frac{1 \times 3}{4 \times 1}$

$= \frac{3}{4}$

わる数の逆数だ。

② $\frac{3}{5} \div \frac{5}{6}$

$= \frac{3 \times (30 \div 5)}{5 \times (30 \div 6)}$

$= \frac{3 \times 6}{5 \times 5}$

$= \frac{18}{25}$

わる数の逆数だ。

逆数をかけるのはたまたま？

2 逆数になるか他の式で調べよう

分数 ÷ 分数の計算でわる数の逆数をかけてもよいのかを，「たまたまじゃないかな」という声をもとに別の式で確かめさせる。
わる数の逆数をかける方法の確からしさが見えてきた時点で，1 時間目の問題が $\frac{4}{6} \div \frac{1}{2}$ と $\frac{4}{6} \times 2$ と 2 つの式が生まれたことを想起させる。逆数の視点で考えると，÷ $\frac{1}{2}$ と × 2 も逆数の関係になっていることにも気付かせていきたい。

3 図の中に逆数は見えるかな？

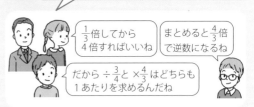

$\frac{1}{3}$ 倍してから 4 倍すればいいね

まとめると $\frac{4}{3}$ 倍で逆数になるね

だから ÷ $\frac{3}{4}$ と × $\frac{4}{3}$ はどちらも 1 あたりを求めるんだね

図の中に逆数を見いださせる。$\frac{3}{4} \times \frac{1}{3}$ で $\frac{1}{4}$ 分当たりの大きさが求められる。この大きさを 4 倍すれば $\frac{4}{3}$（1）分当たりの大きさが求められる。$\frac{3}{4} \times \frac{1}{3} \times 4 = \frac{3}{4} \times \frac{4}{3}$ と捉えれば逆数で求められることが見えてくる。

分数 ÷ 分数と逆数の関係
086

1 対称な図形

2 文字と式

3 分数と整数のかけ算・わり算

4 分数と分数のかけ算

5 分数と分数のわり算

6 比とその利用

7 拡大図・縮図

8 円の面積

9 立体の体積

本時の評価

・倍分して計算した分数÷分数の式を比較する活動を通して，計算式の途中にわる数の逆数をかける部分があることに気付くことができる。

・1あたりの大きさを求めるために，分数÷分数と逆数をかけることが同じ意味になることを図の中に見いだすことができる。

逆数になるか他の式で調べよう。

③ $\dfrac{2}{7} \div \dfrac{3}{4}$

$= \dfrac{2 \times 12 \div 3}{7 \times 12 \div 4}$

$= \dfrac{8}{21}$

→わり算を先にすると

$\dfrac{2}{7} \div \dfrac{3}{4}$

$= \dfrac{2 \times (12 \div 3)}{7 \times (12 \div 4)}$

$= \dfrac{2 \times 4}{7 \times 3}$　わる数の逆数だ。

$= \dfrac{8}{21}$

→ $\div \dfrac{3}{4}$ は $\dfrac{4}{3}$ 倍と同じ

だから $\div \dfrac{1}{2}$ は2倍なんだ。

図の中に逆数が見えるかな？

○図で確かめよう

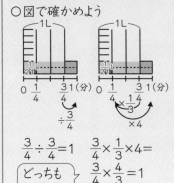

$\dfrac{3}{4} \div \dfrac{3}{4} = 1$　　$\dfrac{3}{4} \times \dfrac{1}{3} \times 4 =$

どっちも1あたり。　$\dfrac{3}{4} \times \dfrac{4}{3} = 1$

真分数を真分数でわる計算はわる数の逆数をかけて計算します。

$$\dfrac{b}{a} \div \dfrac{d}{c} = \dfrac{b}{a} \times \dfrac{c}{d}$$

次の計算をしよう。

④ $\dfrac{2}{3} \div \dfrac{7}{2} = \dfrac{2}{3} \times \dfrac{2}{7}$

$= \dfrac{4}{21}$

⑤ $4 \div \dfrac{2}{3}$　わられる数が整数だ。

$= \dfrac{4}{1} \div \dfrac{2}{3}$

$= \dfrac{\overset{2}{\cancel{4}}}{1} \times \dfrac{3}{\cancel{2}_1}$　4を分数にすればいい。

$= \dfrac{6}{1}$

$= 6$

⑥ $\dfrac{3}{4} \div \dfrac{15}{16}$　全部約分できる。

$= \dfrac{\cancel{3}_1}{\cancel{4}_1} \times \dfrac{\cancel{16}^4}{\cancel{15}_5}$

$= \dfrac{4}{5}$

---

4 次の計算をしよう

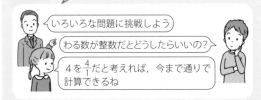

（いろいろな問題に挑戦しよう）

（わる数が整数だとどうしたらいいの？）

（4を $\dfrac{4}{1}$ だと考えれば，今まで通りで計算できるね）

逆数をかける計算方法を使って，様々な分数÷分数の問題に取り組ませる。わられる数が整数の場合は，整数を分数に置き換える方法で計算できることに気付かせたい。

まとめ

　わられる数を倍分する複数の計算式を比較することを通して，わる数の逆数をかける式が倍分の計算の途中式の中に見えることに気付かせることが大切である。逆数をかけるという計算方法の一般化は，この展開のように子どもの思いに沿って展開することが数学的な考え方を培う上でも大切になる。また，図の中にわる数の逆数をかけることを見いださせることも大切である。

本時案

仮分数，帯分数の わり算を考えよう $\frac{4}{10}$

本時の目標

・仮分数や帯分数のわり算の問題を考えること を通して，いずれも仮分数に直して計算がで きることを理解し，計算に習熟することがで きる。

授業の流れ

1 $\frac{3}{10}$ m のテープは何本とれる？

- $\frac{9}{5} \div \frac{10}{3}$ の計算を考えよう
- どうやって計算したらいいのかな？
- 分数のかけ算は仮分数のままで計算ができたね
- わり算も仮分数のままでできそう
- 図で確かめても仮分数のままで計算できることがわかるね

仮分数÷分数の問題の計算の仕方を考えさ せる。分数のかけ算では，仮分数のままで計算 ができた。この既習の学習を想起させ，わり算 でも同じように計算できるのではという見方を 引き出すことが大切である。また，図を使って 答えの確かめを行う。

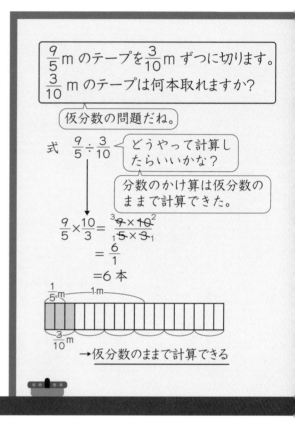

$\frac{9}{5}$ m のテープを $\frac{3}{10}$ m ずつに切ります。 $\frac{3}{10}$ m のテープは何本取れますか？

仮分数の問題だね。

式 $\frac{9}{5} \div \frac{3}{10}$

どうやって計算したらいいかな？

分数のかけ算は仮分数のままで計算できた。

$\frac{9}{5} \times \frac{10}{3} = \frac{\overset{3}{9} \times \overset{2}{10}}{\underset{1}{5} \times \underset{1}{3}}$

$= \frac{6}{1}$

$= 6$ 本

→仮分数のままで計算できる

2 1 dL あたり何 m² ぬれますか？

　　　　帯分数のわり算の計算の仕方 を考えさせる。帯分数を整数と 分数に分けて計算する方法を考 える子どもがいる。そこで，そ の式だけを板書し，式の意味を全員に考えさせる。

式の説明を一方的に聞くのではなく，式から それを考えた友だちの思いをクラス全員で読解 することが大切である。別の考え方をした子ど もの「他のやり方がある」の声を引き出し，次 の展開につなげていきたい。

3 別のやり方は分かるかな？

- 仮分数に直して 計算しているね
- テープの問題と同じだね
- 分けると仮分数，どちらが正しいの
- 図から仮分数に直す方法が正しいね

整数と分数に分ける方法，仮分数に直す方法 ともに子どもの論理が背景にある。どちらが正 しいかは，図を使うことで確かめられる。図と 式の関連付けが大切である。

本時の評価

・仮分数や帯分数のわり算の問題を考えることを通して，仮分数に直して計算ができることを理解し，計算に習熟することができる。

・図と式を関連付けることで，帯分数の計算は仮分数に直して計算ができることを見いだすことができる。

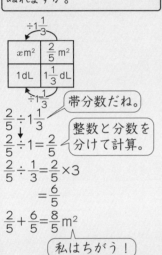

$\frac{2}{5}$ m² の壁をぬるのに $1\frac{1}{3}$ dL のペンキを使います。
このペンキ1dL あたり何 m² ぬれますか。

x m²	$\frac{2}{5}$ m²
1dL	$1\frac{1}{3}$ dL

÷$1\frac{1}{3}$

帯分数だね。

整数と分数を分けて計算。

$\frac{2}{5} \div 1\frac{1}{3}$
↓
$\frac{2}{5} \div 1 = \frac{2}{5}$
$\frac{2}{5} \div \frac{1}{3} = \frac{2}{5} \times 3$
$= \frac{6}{5}$
$\frac{2}{5} + \frac{6}{5} = \frac{8}{5}$ m²

私はちがう！

別のやり方は分かるかな？

仮分数に直した。

$\frac{2}{5} \div 1\frac{1}{3} = \frac{2}{5} \div \frac{4}{3}$
$= \frac{2}{5} \times \frac{3}{4}$
$= \frac{3}{10}$ m²

テープの問題と同じになった。

どちらが合ってるの？

○図で確かめよう

0   1 $1\frac{1}{3}$ (dL)

$\frac{1}{20}$ が6個分 → $\frac{6}{20} = \frac{3}{10}$
→帯分数を仮分数に直して計算する

いろいろな問題に挑戦しよう

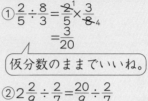

① $\frac{2}{5} \div \frac{8}{3} = \frac{2}{5} \times \frac{3}{8}$
$= \frac{3}{20}$

仮分数のままでいいね。

② $2\frac{2}{9} \div \frac{2}{7} = \frac{20}{9} \div \frac{2}{7}$

仮分数に直そう。

$= \frac{20}{9} \times \frac{7}{2}$
$= \frac{70}{9}$

両方帯分数だ。

⑥ $3\frac{1}{3} \div 2\frac{2}{5} = \frac{10}{3} \div \frac{12}{5}$

仮分数に直そう。

$= \frac{10}{3} \times \frac{5}{12}$
$= \frac{25}{18}$

4 いろいろな問題に挑戦しよう

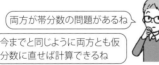

両方が帯分数の問題があるね

今までと同じように両方とも仮分数に直せば計算できるね

　仮分数，帯分数の様々な問題に挑戦させる。わられる数・わる数ともに帯分数の問題も，これまでと同様に両方とも仮分数に直すことで計算ができることに気付かせる。

まとめ

　仮分数・帯分数の分数のわり算の計算方法を考えさせる。帯分数では，整数と分数にわける方法と仮分数に直す方法が生まれる。いずれも互いの子どもの論理を読解し共有することが大切である。さらに，図を使うことで正しい計算の論理を見いださせていく展開を進めることが大切である。式変形だけの展開ではなく，図と関連づけることを単元を通して意識化することが重要である。

1 対称な図形

2 文字と式

3 分数と整数のかけ算・わり算

4 分数と分数のかけ算

5 分数と分数のわり算

6 比とその利用

7 拡大図・縮図

8 円の面積

9 立体の体積

本時案

あまりの大きさを
考えよう

5/10

本時の目標

・分数のわり算で，あまりが出る問題の答えを
考えることを通して，包含除場面の理解を深
めることができる。

授業の流れ

1 びんは何本できて何Lあまる？

計算の答えは $5\frac{1}{2}$ だね

$\frac{2}{5}$ L入りのびんが何本だから答えは整数になるね

びんの数は，5本なの，$5\frac{1}{2}$本なの？

びんは5本だね。でもあまりは $\frac{1}{2}$ Lになるのかな？

$2\frac{1}{5}$ Lの牛乳を $\frac{2}{5}$ Lずつ分ける問題を考えさせる。計算の答えは，$5\frac{1}{2}$ Lとなる。この答えから，びんが何本分あるか，あまりは何Lになるか考えさせる。びんの本数は計算の答えと異なることを，話し合いを通して明らかにしていくことが大切である。さらに，あまりの大きさへの疑問を引き出すことも大切である。

$2\frac{1}{5}$ Lの牛乳があります。$\frac{2}{5}$ L入りのびんに分けます。びんは何本になって，何Lあまりますか？

わり算だね。　　$\frac{2}{5}$ Lでわればいいね。

式 $2\frac{1}{5} \div \frac{2}{5} = \frac{11}{5} \div \frac{2}{5}$

$= \frac{11}{\underset{1}{5}} \times \frac{\overset{1}{5}}{2}$

$= \frac{11}{2}$

$= 5\frac{1}{2}$

答えは5本？ $5\frac{1}{2}$ 本？

$\frac{5}{2}$ Lが何本だから答えは整数。

答え　びんは5本できる　　あまりは $\frac{1}{2}$ L？

---

2 あまりは何Lかな？

$\frac{1}{2}$ Lあまるのは合っているかな

$\frac{1}{2}$ Lは $\frac{2}{5}$ Lより大きいもんね

$\frac{2}{5}$ Lずつわけるなら $\frac{1}{2}$ Lの中に $\frac{2}{5}$ Lはまだわけられるよ

$\frac{2}{5}$ L入りのびんに入れて分ける問題文から，$\frac{1}{2}$ Lは $\frac{2}{5}$ Lよりも大きいことに気付かせることが大切である。$\frac{1}{2}$ Lあまるとすれば，あと1本びんに分けることができるからである。

---

3 本当のあまりの大きさは？

図を使うと，あまりは $\frac{1}{5}$ Lだね

LをdLに直して計算しても $\frac{1}{5}$ Lだね

$5\frac{1}{2}$ の $\frac{1}{2}$ は何を意味しているの？

図やdLへの置き換えで，あまりが $\frac{1}{5}$ Lであることが見えてくる。商は $5\frac{1}{2}$ である。この中の分数の $\frac{1}{2}$ が何を意味するのかが子どもには疑問になる。

本時の評価

・分数のわり算で，あまりが出る問題の答えをわる数の大きさと比較することで考えることができたか。
・図と関連づけることであまりの大きさを見いだし，商の分数部分の大きさがわる数の分数倍になることに気付くことができたか。

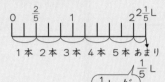

あまりは何Lかな?

$2\frac{1}{5} \div \frac{2}{5} = 5\frac{1}{2}$

→びんは 5 本

→$5\frac{1}{2} - 5 = \frac{1}{2}$L

答え　びんは 5 本できて，

$\frac{1}{2}$L あまる

＜ひき算であまりがわかる。＞

＜あれ?なんか変?＞

$\frac{2}{5}$L 入りのびん

→$\frac{1}{2}$L あまる

$\frac{2}{5} < \frac{1}{2}$

＜まだびんに入る。＞

本当のあまりの大きさは?

○図で考えよう

0　$\frac{2}{5}$　1　$2\,2\frac{1}{5}$L

1本 2本 3本 4本 5本 あまり

$\frac{1}{5}$L

＜$\frac{1}{5}$L だ。＞

＜どちらが合ってるの?＞

○LをdLに直して考えよう

$\frac{1}{5}$L=2dL

$2\frac{1}{5}$L=22dL

22÷4=5 あまり 2

本当のあまりは $\frac{1}{5}$L

＜$\frac{1}{2}$ってなんなの?＞

$5\frac{1}{2}$ の $\frac{1}{2}$ は何?

$2\frac{1}{5} \div \frac{2}{5} = 5\frac{1}{2}$

＜$\frac{2}{5}$L ずつわける。＞

5の意味→$\frac{2}{5}$L が 5 本

$\frac{1}{2}$の意味→$\frac{2}{5}$L の $\frac{1}{2}$

$\frac{2}{5} \times \frac{1}{2} = \frac{1}{5}$L

0　$\frac{2}{5}$　1　$2\frac{1}{5}$

1本 2本 3本 4本 5本 あまり

$\frac{1}{5}$L

＜図にも $\frac{1}{5}$ が見える。＞

---

4 $5\frac{1}{2}$ の $\frac{1}{2}$ は何?

　　　商の $5\frac{1}{2}$ の $\frac{1}{2}$ の意味を考える。商の整数部分の 5 の意味が，$\frac{2}{5}$L の 5 本分であることを確認する。この意味をもとに考えると，$\frac{1}{2}$ は $\frac{2}{5}$L の $\frac{1}{2}$ 本分であると考えられる。この見方ができれば，$\frac{2}{5} \times \frac{1}{2} = \frac{1}{5}$L とあまりを計算で求めことができる。
　　また，図とつなげて考えると，あまりの部分が $\frac{2}{5}$L の $\frac{1}{2}$ であることも見えてくる。図とつなげることも大切である。

まとめ

　　商が $5\frac{1}{2}$ の場合，あまりが $\frac{1}{2}$L と考えてしまうのが子どもの素直な思いである。しかし，実際のあまりの大きさはそれとは異なる。問題文のわる数の大きさと比較することで，あまりの大きさへの違和感を引き出すことが大切である。実際のあまりの大きさは図と関連付けることで見いださせていく。その上で，商の分数部分がわる数の分数倍であることを気付かせていく。

1 対称な図形
2 文字と式
3 分数と整数のかけ算・わり算
4 分数のかけ算
5 分数と分数のわり算
6 比とその利用
7 拡大図・縮図
8 円の面積
9 立体の体積

本時案

わる数と商の
大きさを考えよう

授業の流れ

1 答えが大きい方が勝ちゲームしよう

おもしろそうだ

Aチームは青が×で，白が$\frac{5}{7}$だからかけ算だね

$\frac{3}{4} \times \frac{5}{7} = \frac{15}{28}$になるね

2チーム対抗で，答えが大きい方が勝ちゲームを行う。青のカードは×が2枚，÷が2枚。このカードを青枠の四角に入れる。白のカードは$\frac{5}{7}$，$\frac{2}{3}$，$\frac{7}{8}$，$\frac{7}{3}$，$1\frac{4}{5}$，$1\frac{2}{3}$である。このカードは黒枠の四角に入れる。各チームの代表の子どもが，カードを1枚ずつめくって式の四角の中に入れて計算し，その大小で勝敗が決まるゲームである。

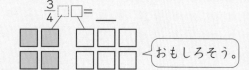

答えが大きい方が勝ちゲームをしよう。

〈ルール〉

・2チーム対抗戦

・青カード→白カードの順でひく

・計算した答えが大きい方が勝ち

$\frac{3}{4} \square \square = \underline{}$

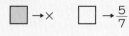

おもしろそう。

○1回戦

A チーム

$\square \rightarrow \times$　　$\square \rightarrow \frac{5}{7}$

$\frac{3}{4} \times \frac{5}{7} = \frac{15}{28}$

2 Bチームは勝ったかな？

　カードをひいて，$\frac{3}{4} \div \frac{2}{3}$の大きさを計算する前にAチームと比較させる。$\frac{3}{4} \times \frac{5}{7}$とわる数が近いことから，計算しないと答えの大小が判断できないと考える子どももいるであろう。

　一方，小数のわり算の既習を想起できれば，商が$\frac{3}{4}$より大きくなることがわかる。このような既習の学習と関連づける見方を引き出し価値づけていきたい。

3 1より大きいと答えは小さくなる？

÷$1\frac{2}{3}$は1より大きいね

÷$\frac{7}{8}$の反対で答えは小さくなる？

計算すると$\frac{9}{20}$。やっぱり小さくなったね

　$\frac{3}{4} \div \frac{7}{8}$と$\frac{3}{4} \div 1\frac{2}{3}$の大きさを比べる。÷$1\frac{2}{3}$に対して，1より小さい÷$\frac{7}{8}$の答えはは$\frac{3}{4}$より大きくなることから，1より大きい÷$1\frac{2}{3}$は$\frac{3}{4}$より小さくなるという見方を引き出したい。

本時の評価

・分数カードゲームを通して，分数のわり算でのわる数の大きさと商の大きさの関係は分数のかけ算とは反対で，わる数が 1 より大きい分数の商はわられる数より小さくなり，わる数が 1 より小さい分数の商はわられる数より大きくなることに気付くことができたか。

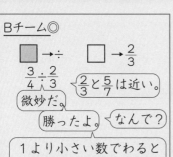

Bチーム◎

■→÷ □→$\frac{2}{3}$

$\frac{3}{4}÷\frac{2}{3}$

$\frac{2}{3}$と$\frac{5}{7}$は近い。

微妙だ。

勝ったよ。 なんで？

1 より小さい数でわると商はわられる数より大きくなる。

→計算で確かめよう

$\frac{3}{4}÷\frac{2}{3}=\frac{3}{4}×\frac{3}{2}$
$=\frac{9}{8}(1\frac{1}{8})$

小数のわり算と同じだ。

わる数が 1 より小さい分数のとき，商はわられる数より大きくなる。

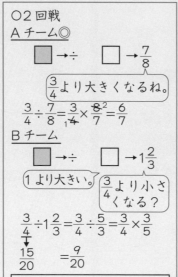

○2 回戦
Aチーム◎

■→÷ □→$\frac{7}{8}$

$\frac{3}{4}$より大きくなるね。

$\frac{3}{4}÷\frac{7}{8}=\frac{3}{4}×\frac{8^2}{7}=\frac{6}{7}$

Bチーム

■→÷ □→$1\frac{2}{3}$

1 より大きい。 $\frac{3}{4}$より小さくなる？

$\frac{3}{4}÷1\frac{2}{3}=\frac{3}{4}÷\frac{5}{3}=\frac{3}{4}×\frac{3}{5}$
$\frac{15}{20}$ $=\frac{9}{20}$

わる数が 1 より大きい分数のとき，商はわられる数より小さくなる。

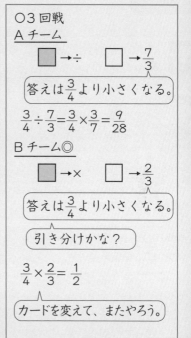

○3 回戦
Aチーム

■→÷ □→$\frac{7}{3}$

答えは$\frac{3}{4}$より小さくなる。

$\frac{3}{4}÷\frac{7}{3}=\frac{3}{4}×\frac{3}{7}=\frac{9}{28}$

Bチーム◎

■→× □→$\frac{2}{3}$

答えは$\frac{3}{4}$より小さくなる。

引き分けかな？

$\frac{3}{4}×\frac{2}{3}=\frac{1}{2}$

カードを変えて、またやろう。

4 3 回戦をやろう

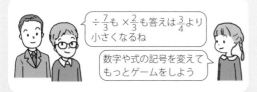

÷$\frac{7}{3}$も ×$\frac{2}{3}$も答えは$\frac{3}{4}$より小さくなるね

数字や式の記号を変えてもっとゲームをしよう

$\frac{3}{4}÷\frac{7}{3}$と$\frac{3}{4}×\frac{2}{3}$は，これまでに学習したわり算・かけ算のきまりから答えが$\frac{3}{4}$よりも小さくなることがわかる。これらの気付きの声を引き出し，価値づけることが大切である。

まとめ

　ゲームを通して，わる数と商の大きさの関係に気付かせる。かけ算のきまりの学習をもとに，わり算の場合はそれとは反対になりそうだという見方や，小数のわり算でのきまり学習と関連付ける見方を引き出すことが大切になる。これらの見方を引き出すことができれば，カードが引かれただけで勝負の行方を判断することができる場合もある。このおもしろさも実感させていきたい。

1 対称な図形
2 文字と式
3 分数と整数のかけ算・わり算
4 分数と分数のかけ算
5 分数と分数のわり算
6 比とその利用
7 拡大図・縮図
8 円の面積
9 立体の体積

本時案

小数と分数が混じった計算を考えよう

授業の流れ

1 1 km を何分で走ったことになる？

1 km は 0.5 km の 2 つ分だね

分と秒が混じっているから秒に直そう

答えは4分13.33…秒でわりきれない

これでは何分で答えられないよ

　6分20秒のままでは計算がしにくい。すると，380秒に置き換えて考えたくなる。また，1 km は1.5 km を 3 等分した0.5 km の 2 つ分になる。これらの見方から，立式は簡単にできる。実際に計算すると，答えは 4 分13.33…秒となる。従って，問われている何分で表すことができない。この気付きを引き出したい。

ゆうきさんは 1.5 km を 6 分 20 秒で走りました。1 km を何分で走ったことになりますか。

分を秒に直すと簡単？

6分 20 秒＝60×6+20
　　　　　＝360+20
　　　　　＝380 秒

1 km は0.5 km の 2 つ分。

380÷3×2＝253.33…
　　　　　＝4分 13.33…秒
　　　　　＝4.?分

わりきれない。

何分で答えられない。

---

2 分数なら計算できるかな？

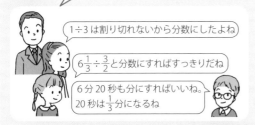

1÷3 は割り切れないから分数にしたよね

$6\frac{1}{3}÷\frac{3}{2}$ と分数にすればすっきりだね

6分 20 秒も分にすればいいね。20 秒は$\frac{1}{3}$分になるね

　$1÷3＝0.333…$のわり切れない商を$\frac{1}{3}$の分数に置き換えた既習学習から，分数に置き換える見方を引き出し価値づけていきたい。20秒を分で表現するには，分数なら$\frac{1}{3}$分となる。

---

3 1 分間では何 km 走ったことになる？

　1 分間あたりの走った長さを求めさせる。この問題も分数に置き換えて計算することで，あまりが出なくなる。実際に計算すると$\frac{9}{38}$km となる。しかし，この答えは分母が38のため長さのイメージがつきにくい。そこで，今度は分数を小数に置き換えてみる。答えは0.23684…km（約237 m）となる。わり切れないが長さのイメージがつきやすい。分数・小数それぞれのよさを実感させることも大切である。

本時の評価

・分数や小数の混じった計算の仕方を考え，小数値ではわりきれない場合は分数に置き換えて計算するよさに気付くことができる。
・量の大きさをイメージするには小数値の方が分数値よりも分かりやすいことに気付くことができる。

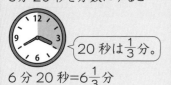

わり切れないとき分数にした

分数なら計算できるかな？
6分20秒を分数にすると

20秒は $\frac{1}{3}$ 分。

6分20秒 = $6\frac{1}{3}$ 分

x 分	$6\frac{1}{3}$ 分
1km	1.5km

↓÷1.5

1.5 も分数に直そう。

$6\frac{1}{3} ÷ 1.5 = 6\frac{1}{3} ÷ \frac{3}{2}$
$= \frac{19}{3} × \frac{2}{3}$
$= \frac{38}{9}$
$= 4\frac{2}{9}$ 分

1分間では何km走ったことになりますか。

これも分数にすればできそうだね。

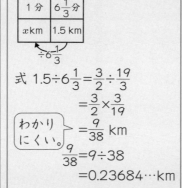

	÷$6\frac{1}{3}$
1分	$6\frac{1}{3}$分
$x$km	1.5 km

↕ ÷$6\frac{1}{3}$

式 $1.5 ÷ 6\frac{1}{3} = \frac{3}{2} ÷ \frac{19}{3}$
$= \frac{3}{2} × \frac{3}{19}$
$= \frac{9}{38}$ km

わかりにくい。

$\frac{9}{38} = 9 ÷ 38$
$= 0.23684\cdots$km

約237m

三角形の面積を求めよう

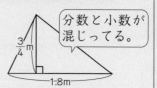

分数と小数が混じってる。

$\frac{3}{4}$ m　1.8m

→分数にそろえよう

1.8 m = $\frac{18}{10}$ m

$\frac{18}{10} × \frac{3}{4} ÷ 2 = \frac{27}{20} × \frac{1}{2}$
$= \frac{27}{40}$ m²

小数でもできそう。

$\frac{3}{4}$ m = 0.75 m
1.8 × 0.75 ÷ 2 = 0.675 m²

小数の方が面積のイメージがしやすい。

---

4 三角形の面積を求めよう

　辺の長さが分数値と小数値の混じった三角形の面積を求める。ここまでの展開から分数で求めたくなる。答えは $\frac{27}{40}$ m²。実際の面積の大きさはつかみにくい。この問題では小数値に揃えても答えがきちんと求められる。答えは0.675 m²。小数値の方が実際の面積の大きさがイメージしやすい。分数と小数が混じった問題では，場面に応じて適切な数値に揃えることが大切である。

まとめ

　小数値のままではわりきれない問題を通して，小数を分数に置き換えて計算するよさを実感させることが大切である。分数に置き換えれば，わり切れない数も表現できる。このよさを実感させる展開が大切である。一方，分数は計算がしやすいものの量の大きさがイメージしにくい。量の大きさはわりきれなくても小数値の方がイメージしやすい。小数のよさに気付かせることも大切である。

右側のインデックス:

1 対称な図形
2 文字と式
3 分数と整数のかけ算・わり算
4 分数と分数のかけ算
5 分数と分数のわり算
6 比とその利用
7 拡大図・縮図
8 円の面積
9 立体の体積

本時案

÷ 小数を ÷ 分数
にして計算しよう

本時の目標

・複数の小数のわり算に取り組む活動を通して，小数を分数に直す方が計算が簡単になる場合があることに気付くことができる。

授業の流れ

1 小数の計算に挑戦しよう

きまりがあるよ

商がわられる数の4倍になっている

きまりを使えば筆算しなくてもいいね

4問目の式が分かる。6÷0.25だ

答えは6×4で24だね

わる数が小数値のわり算に挑戦させる。わる数が0.25であるため，筆算で答えを求めるのは面倒である。この思いを引き出していく。その後も，わられる数が4，5の問題に挑戦させる。いずれも筆算で計算するのは面倒である。3問前後できまりに気付く声が生まれる。商がわられる数の4倍というきまりを活用すれば，面倒な筆算をしなくても商が求められる。このおもしろさを実感させたい。

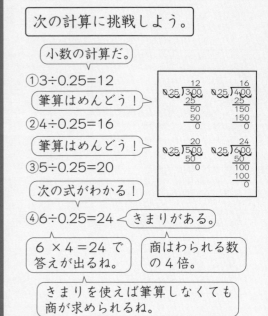

次の計算に挑戦しよう。

小数の計算だ。

①3÷0.25＝12
筆算はめんどう！

②4÷0.25＝16
筆算はめんどう！

③5÷0.25＝20
次の式がわかる！

④6÷0.25＝24 きまりがある。

6×4＝24で答えが出るね。

商はわられる数の4倍。

きまりを使えば筆算しなくても商が求められるね。

2 なぜ4倍なの？

÷0.25の答えが，すべて4倍になる理由を考える。0.25を $\frac{1}{4}$ の分数に置き換えてa÷0.25を再計算する。すると，いずれもa×4（$\frac{4}{1}$）の式が現れ4倍になる理由が見えてくる。

さらに，これらの計算を進める中から，小数の筆算よりも分数に置き換えて計算する簡便さへの気付きを引き出すことが大切である。この気付きから，他の小数の計算も分数に置き換えて計算して試したいという学びを深める視点へとつなげていきたい。

3 同じように計算できる ÷ 小数は他にもあるのかな？

÷ 小数を ÷ 分数に置き換えられる他の数字を考えさせる。子どもからは，小数第1位の数字が発表されてくるであろう。÷0.1や÷0.5や÷0.4などの数字を取り上げ，分数に置き換えたらどうなるかを考えさせる。また，3÷aのaに分数を代入させ実際に計算をさせていく。

これらの計算のあと，「小数第1位ばかりだ」の気付きを引き出していきたい。

1 対称な図形

2 文字と式

3 分数と整数のかけ算・わり算

4 分数と分数のかけ算

5 分数と分数のわり算

6 比とその利用

7 拡大図・縮図

8 円の面積

9 立体の体積

本時の評価

・複数の小数のわり算に取り組む活動を通して，小数を分数に直す方が計算が簡単になる場合があることに気付くことができたか。

・0.25が$\frac{1}{4}$であることをもとに，同値の小数と分数をみつけることができたか。

なぜ4倍なの？
÷0.25と×4は同じなの？

0.25$=\frac{1}{4}$だから
→分数に直して考えたら？
$3÷0.25=3÷\frac{1}{4}$
$=3×\frac{4}{1}$ ← 4倍になってる。
$=12$ ← 他の式も試そう。

$4÷0.25=4÷\frac{1}{4}$
$=4×\frac{4}{1}$
$=16$ ← 全部4倍。

$5÷0.25=5÷\frac{1}{4}$
$=5×\frac{4}{1}$
$=20$ ← 分数の方が簡単。

同じように計算できる÷小数は他にもあるかな？

ありそうだ。 | 簡単な小数ならたくさんある。

○簡単な小数では？

・÷0.1 は ÷$\frac{1}{10}$
 $3÷0.1=3÷\frac{1}{10}=30$

・÷0.5 は ÷$\frac{1}{2}$
 $3÷0.5=3÷\frac{1}{2}=6$

・÷0.4 は ÷$\frac{2}{5}$
 $3÷0.4=3÷\frac{2}{5}=\frac{15}{2}$

小数第1位ばかりだ。 | 小数第2位はないのかな。

小数第2位の÷小数はあるのかな？

÷0.25 は ÷$\frac{1}{4}$だったけど。

÷0.25 をもとにしたら…。

・÷0.25 を3倍にしたら
 →$0.25×3=0.75=\frac{3}{4}$
 $3÷\frac{3}{4}=4$
 0.25を半分にしたら。

・0.25の半分なら
 →$0.25÷2=0.125$

分数だと？ | $0.25=\frac{1}{4}$だから。
→$\frac{1}{4}÷2=\frac{1}{8}$
→$3÷1.25=3÷1\frac{1}{8}=2.4$

0.25をもとにすればまだあるね。

---

4 小数第2位の÷小数はあるのかな？

「小数第1位ばかりだ」の子どもの疑問をもとに，小数第2位を分数に置き換えられるのか考えさせる。0.25が$\frac{1}{4}$であることをもとにすれば小数第2位を見つけられるのではないかという見方を引き出し，価値づけていきたい。

0.25×3と考えれば$\frac{1}{4}$×3で$\frac{3}{4}$，0.25÷2は$\frac{1}{4}÷2=\frac{1}{8}$という小数と分数の関係が見えてくる。さらに，0.25÷4，0.25÷8など対象場面を拡張する見方も引き出したい。

まとめ

整数÷0.25の小数の計算に複数取り組む活動を通して，÷小数の計算の大変さに気付かせることが大切である。この気付きから，小数を分数に置き換える見方を引き出していきたい。

小数第2位を分数に置き換えるのは難しい。そこで，$0.25=\frac{1}{4}$をもとに3倍や$\frac{1}{2}$にすればできそうだという見方を引き出し価値づけていきたい。

本時案

どんな式になるかな？

授業の流れ

1 どんな式になるかな？

分数値だけで構成された文章問題を提示する。すぐに立式を決めることは難しい。わり算かかけ算か，$\frac{9}{5} \div \frac{4}{3}$ か $\frac{4}{3} \div \frac{9}{5}$ か考えにズレが生まれる。このような混沌とした状況を実感させた上で，4ます関係表や対応数直線を使うと式が決められそうという思いを引き出すことが大切である。4ます表などを使わせるのではなく，使いたくなる状況を設定するのである。

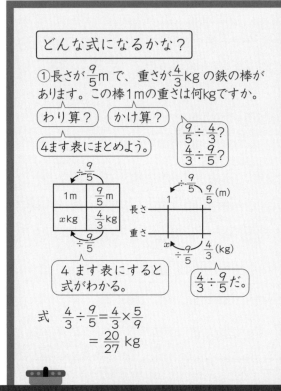

2 鉄の棒1kgの長さは何m？

同じ問題場面で1kgの長さを尋ねる。問われている場面が重さから長さに変わったことで，単純に式も反対になると考える子どももいるであろう。一方，まだ立式に不安を抱えている子どももいるであろう。この場面でも「4ます表を使えば式がわかるよ」という表を使いたくなる見方を引き出していくことが大切である。さらに，4ます表などを活用することで立式が簡単にできるよさを実感させることも大切である。

3 mの重さは何kg？

立式が分数のわり算になる問題に取り組んできたために，この問題もわり算だと考える子どもがいる。この問題も4ます関係表などに整理することで正しい立式が見えてくる。

本時の評価

・分数値で構成された文章問題に取り組むことを通して、4ます関係表や数直線などを活用することで式を見つけ正しく計算することができる。
・立式がすぐには見えない問題で、4ます関係表などを使うよさを実感することができる。

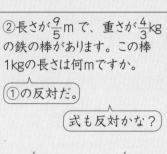

②長さが$\frac{9}{5}$mで、重さが$\frac{4}{3}$kgの鉄の棒があります。この棒1kgの長さは何mですか。

①の反対だ。

式も反対かな？

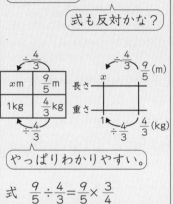

やっぱりわかりやすい。

式 $\frac{9}{5} \div \frac{4}{3} = \frac{9}{5} \times \frac{3}{4}$
$= \frac{27}{20}$m

③1mの重さが$\frac{5}{2}$kgの鉄の棒があります。この棒$\frac{5}{3}$mの重さは何kgですか。

わり算？　今度はかけ算？

4ます表で確かめよう。

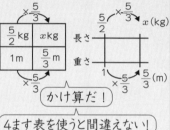

かけ算だ！

4ます表を使うと間違えない！

式 $\frac{5}{2} \times \frac{5}{3} = \frac{25}{6}$kg

④1kg 620円の米を$\frac{4}{5}$kg買いました。代金はいくらですか。

| $\frac{4}{5}$ kg | 1kg |
| x 円 | 620円 |
（$\times \frac{4}{5}$）

かけ算だね。

式 $620 \times \frac{4}{5} = \frac{\overset{124}{\cancel{620}} \times 4}{\cancel{5}_1}$
$= 496$ 円

⑤$7\frac{1}{2}$mのロープを$1\frac{1}{4}$mずつ切ると何本できますか。

分けるからわり算。

式 $7\frac{1}{2} \div 1\frac{1}{4}$
$= \frac{15}{2} \div \frac{5}{4}$
$= \frac{\overset{3}{\cancel{15}}}{\cancel{2}_1} \times \frac{\overset{2}{\cancel{4}}}{\cancel{5}_1}$
$= 6$ 本

---

4 いろいろな問題に挑戦しよう

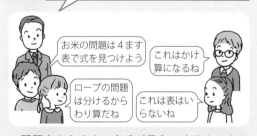

お米の問題は4ます表で式を見つけよう

これはかけ算になるね

ロープの問題は分けるからわり算だね

これは表はいらないね

　問題文からすぐに立式が見えてくるものもあれば、見えてこないものもある。問題場面に応じて4ます関係表などを使い分けることも大切である。

まとめ

　分数値で構成された文章問題に挑戦する。分数値だけの問題文からは、すぐに立式することは難しい。感覚的に立式するのではなく、4ます関係表などを使って問題場面を整理することで式が見えてくるよさを実感させることが大切である。
　4ます関係表などを教師が子どもに使わせるのではなく、子どもが使いたくなる状況を設定することが大切である。

1 対称な図形
2 文字と式
3 分数と整数のかけ算・わり算
4 分数と分数のかけ算
5 分数と分数のわり算
6 比とその利用
7 拡大図・縮図
8 円の面積
9 立体の体積

本時案

分数カードで遊ぼう

10/10

本時の目標

・分数の加減乗除の組み合わせで数を作る活動を通して，分数の計算に対する感覚を磨くことができる。

授業の流れ

1 3つの分数と＋，－，×，÷，（ ）の記号を使って1を作りましょう

$\frac{1}{2}$，$\frac{1}{3}$，$\frac{1}{6}$ の3枚のカードを提示して，上のように問題を投げかける。

ただし，次の条件がある。

①カードは，それぞれ1回しか使えない。
　（使うカードは2枚でもよい）
②カードの順番は入れかえてもよい。
③記号はどれを何回使ってもよい。

$\boxed{\frac{1}{2}}$ $\boxed{\frac{1}{3}}$ $\boxed{\frac{1}{6}}$

3つの分数と
　＋、－、×、÷、（ ）を使って、
　答えが1になる式を作りましょう。

おもしろそう。　はやくやりたい。

①カードは、それぞれ1回しか使えない。（2枚でもよい）
②カードの順番は入れかえてもよい。
③記号はどれを何回使ってもよい。

÷を使うとできそうかな。

2 どんな式ができたかな？

答えが1になる式として，次のようなものがある。

例　$\frac{1}{2} \times \frac{1}{3} \div \frac{1}{6} = 1$
　　$\left(\frac{1}{2} - \frac{1}{3}\right) \div \frac{1}{6} = 1$
　　$\frac{1}{6} \div \frac{1}{3} \div \frac{1}{2} = 1$
　　$\frac{1}{2} + \frac{1}{3} + \frac{1}{6} = 1$

答えが1になる式が複数できた後，「答えが2になる式はできるかな」など他の大きさの答えの式づくりに向かう声を引き出していきたい。

3 答えが2〜10の式も作れるかな？

答えが6，7，8，10の式はできない

分数カードを増やしたり変えたりすれば式ができるかも？

答えが2〜10になる式も作ることができるか，子どもたちに自由に計算させる。答えが，6，7，8，10になる式は作ることができない。作れない式があることに気付かせ，カードを増やしたらできるかもしれないという声を引き出していきたい。

本時の評価

・分数の加減乗除の組み合わせで数を作る活動を通して，答えが見つかる式と見つからない式を分類することができる。

・分数カードを追加したあとの計算も含めて，分数の計算に対する感覚を磨くことができる。

<u>どんな式ができたかな？</u>

$\frac{1}{2} \times \frac{1}{3} \div \frac{1}{6} = 1$

×と÷だね。

$(\frac{1}{2} - \frac{1}{3}) \div \frac{1}{6} = 1$

（ ）を使った式だね。

$\frac{1}{6} \div \frac{1}{3} \div \frac{1}{2} = 1$

全部÷だ。　カードの順番が違うね。

$\frac{1}{2} + \frac{1}{3} + \frac{1}{6} = 1$

全部＋だ。　他の答えも作れるかな？

答えが2～10になる式も作れるかな

全部できそう！

$2 = \frac{1}{3} \div \frac{1}{6}$

$3 = \frac{1}{2} \div \frac{1}{6}$

$4 = \frac{1}{3} \div (\frac{1}{2} \times \frac{1}{6})$

$5 = (\frac{1}{2} + \frac{1}{3}) \div \frac{1}{6}$

$6 = $ ┐
$7 = $ ┤ できない。
$8 = $ ┘ カードを増やせばできるかな。

$9 = \frac{1}{2} \div \frac{1}{3} \div \frac{1}{6}$

$10 = $ できない。

$\boxed{\frac{1}{2}}$ をもう1枚加えると

$6 = (\frac{1}{2} + \frac{1}{2}) \div \frac{1}{6}$

$8 = \frac{1}{3} \div (\frac{1}{2} \times \frac{1}{2} \times \frac{1}{6})$

$10 = (\frac{1}{2} + \frac{1}{3}) \div \frac{1}{6} \div \frac{1}{2}$

6、8、10はできた。　7ができない。

もっとカードを増やそう。

$\boxed{\frac{1}{6}}$ をもう1枚加えると

$7 = (\frac{1}{3} + \frac{1}{2} + \frac{1}{2} - \frac{1}{6}) \div \frac{1}{6}$

$\frac{1}{2}$ $\frac{1}{3}$ $\frac{1}{4}$ $\frac{1}{6}$ で1～9を作ってみよう

---

4 $\frac{1}{2}$ を加えたら式はできるかな？

$\frac{1}{2}$ が追加されると6，8，10ができるね

$\frac{1}{2}, \frac{1}{3}, \frac{1}{4}, \frac{1}{6}$ のカードで1～9を作ろう

$\frac{1}{6}$ が追加されると7もできた

$\frac{1}{2}$ のカードを追加すると6，8，10の式はできるが，7は作れない。そこで，さらに $\frac{1}{6}$ のカードを追加して答えが7になる式を作らせる。

まとめ

　3枚の分数カードと＋，－，×，÷，（ ）の記号を使って，答えが1～10の式探しをする。

　答えは1通りではなく何通りもある。試行錯誤を繰り返しながら，お互いの式を認めあえるように展開を進めていくことが大切である。互いの式を認め合う中から，分数の式に対する見方を少しずつ豊かにしていきたい。

1 対称な図形
2 文字と式
3 分数と整数のかけ算・わり算
4 分数と分数のかけ算
5 分数と分数のわり算
6 比とその利用
7 拡大図・縮図
8 円の面積
9 立体の体積

6 比とその利用 （8時間扱い）

単元の目標

・2つの数量の関係を表す方法として，比や比の相等について理解し，そのよさを発見したり活用したりすることができる。

評価規準

知識・技能	①比の意味，比が等しいということの意味を理解することができる。 ②比を用いて，2つの数量の関係を表したり，等しい比を作ったりすることができる。
思考・判断・表現	③問題場面に応じて，的確に比をとらえたり，等しい比の性質を活用したりしている。
主体的に学習に取り組む態度	④比のよさに気づき，2つの数量の関係を，比を用いて表したり，問題の解決に比を活用したりしようとする態度を養う。

指導計画　全8時間

次	時	主な学習活動
第1次「比」	1	同じ形の長方形を探す活動を通して，同じ形になるものは同じ比になることに気付くことができる。
	2	同じ形の長方形は，a：bの辺の比をそれぞれ同数倍すれば見つけられることに気付くことができる。
	3	比を長方形に置き換えるイメージ化の活動を通して，比を簡単にするよさや計算方法に気付くことができる。
第2次「等しい比」	4	等しい比を見つけるゲームを通して，比が等しい長方形と対角線の角度の関係を発見することができる。
第3次「比の活用」	5	校庭の木の高さを求めるには，これまで学習した比を活用することで求められることに気づくことができる。
	6	比のアイディアを使って，校庭の木の高さを測定することができる。
	7	台所にある比で表された場面を意識し，比を利用していこうとする態度を培う。
	8	比を活用して，生活の中の量の分割問題を解決することができる。

単元の基礎・基本と見方・考え方

⑴ 1つの数で割合を表現する方法と2つの数の関係を表現する方法

比は割合の表現方法の1つである。

そのままの数の関係を表現することができる比と，1つの数で表現する百分率や歩合などの割合表現との違いとそれぞれのよさを理解させたい。その際，表現されている数の異なるA：Bの比とC：Dの比が等しい場合もあることや，比が等しいとはどういうことなのかを，具体的な活動を通して感覚的にも理解させていくこが大切である。その過程で，AとBの関係をBを基準とした割合で捉える見方・考え方も大切である。この見方が，「比の値」につながっていく。

本単元の授業では，比が等しいことを「形が同じ」と捉える子どもの素直な感覚を引き出すことでスタートしている。複数の長方形の図形の中から，感覚的に同じ形と捉える形に絞っていく。子どもの感覚では，同じます（長さ）の数ずつ縦・横に伸びた形を同じ形と捉える子どもがいる。一方，縦・横のますの数が同じ倍数で伸びている形を同じ形と捉える子どももい

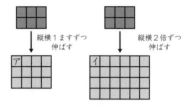

る。どちらも，子どもの論理としては納得ができる。しかし，それぞれの論理に従ってそれぞれをさらに伸ばしいていくと，形が明らかに異なって見えてくる。「もっと大きくなったら違った形に見える」と，子ども自らが場面を拡張して考えていく見方・考え方を引き出すこともこの場面では大切である。

⑵ 2つの整数の組でみる見方を引き出す

第2時の同じ形の長方形を探す活動では，横と縦の辺の比が8：4の長方形を基準にすると，4：2と1：2の長方形が同じ形であることが見えてくる。これら3種類の長方形が同じ形だと判断するときに使われているのは，8：4と4：2であれば横と縦の長さをそれぞれ $\frac{1}{2}$ 倍しても同じ形だという見方・考え方である。これは，8：1：2の長方形にも当てはまる。この場合は，横と縦の長さをそれぞれ $\frac{1}{4}$ 倍しても同じ形だと判断していることになる。

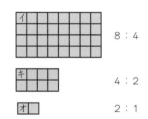

比の学習では，このように2つの数量を割合として一つの数で表すのではなく，簡単な2つの整数の組を用いて表していく見方・考え方が大切である。そして，等しい比と判断する背後には，2つの数量の比例関係があることを見いだす考え方も大切になる。

また，比例関係をもとにして等しい比を探す際には数字だけの操作にならないように，比と具体的な図などと関連付けながら比が等しいことを実感していくこも大切である。

1 対称な図形
2 文字と式
3 分数と整数のかけ算・わり算
4 分数と分数のかけ算
5 分数と分数のわり算
6 比とその利用
7 拡大図・縮図
8 円の面積
9 立体の体積

本時案

同じ形の秘密を見つけよう(1)

本時の目標

・同じ形の長方形を探す活動を通して，同じ形になるものは同じ比になることに気付くことができる。

授業の流れ

1 同じ形はどれかな？

縦2ます横3ますの長方形と同じ形を探せる。一見すると，どれも同じ形に見える。しかし，よく見るとアとイは少し違っている。そこで，アとイを限定して取り上げ，違いに注目させていく。

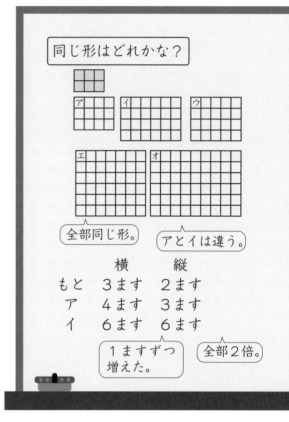

2 同じ形はアかイか？

アもイも，もとの長方形と同じ形に見える。「1ますずつ増える」という根拠を子どもたちに投げ返す。エも同じ根拠で構成された図形である。ところが，エをもとの図形と同じ形と判断する子どもは少なくなるであろう。さらに，そこから「もし6ますずつ伸ばしたら」などの場面を拡張した考え方を引き出していきたい。6ますの場合はほぼ正方形に近づき，同じ形には見えなくなる。

3 同じ倍数で伸ばしたとすると？

同じ倍数で辺を伸ばすと同じ形と判断できるのかを尋ねる。オが全部3倍の関係であり同じ形に見える気付きを引き出したい。さらに，「4倍しても同じ形」などの場面を拡張する考えを引き出したい。

本時の評価

・横3ます，縦2ますの長方形と同じ形を探す活動を通して，同じ形と判断できる根拠は横の長さと縦の長さが同じ比になる見方に気付くことができる。

・縦の長さを基準に横の長さをみると1.5倍になることで同じ形と判断できる比の値につながる見方に気付くことができる。

同じ形はアなのイなの？

同じ長さずつ伸ばしたとすると…

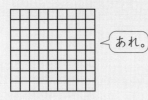

```
        横      縦
もと    3ます   2ます
エ +4 → 7ます   6ます ↰ +4
```

〔4ますずつのびた。〕

〔あれ。〕

6ますずつ伸ばすと
　→正方形みたい
　→違う形

同じ倍数で伸ばしたとすると

同じ倍数で伸ばしたとすると…

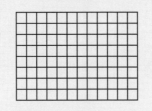

```
              横      縦
もと ×3 → 3ます   2ます ↰ ×3
オ         9ます   6ます
```

〔全部3倍。〕

全部4倍すると
　→同じ形だ

同じ形は

	横	縦
もと	3ます	2ます
イ	6ます	4ます
オ	9ます	6ます

〔横はたての1.5倍。〕

横が3のとき縦が2であることを3：2と表します。

〔だったらイとオもできる。〕

イ→6：4
オ→9：6
横は縦の1.5倍
横：縦＝1.5→比の値
横÷縦＝比の値

---

4 比で表す方法を知ろう

横が3のときたてが2であることを3：2と表します。また，横：縦＝A：Bとすると，A÷B＝$\frac{A}{B}$となる値を比の値といいます。

　同じ形と判断した横と縦の長さのデータを再提示する。この中から横が縦の1.5倍の関係になっている比の値につながる見方も引き出したい。

まとめ

　もとの形と同じ図形を探す活動を通して，比の見方と，比の値の見方を引き出していくことが大切である。

　横と縦の長さを同じ倍数にすると同じと判断できるとする根拠は，横：縦という比の見方につながる。また，横は縦の1.5倍の長さになっているという根拠は，比の値につながる。

1 対称な図形
2 文字と式
3 分数と整数のかけ算・わり算
4 分数と分数のかけ算
5 分数と分数のわり算
6 比とその利用
7 拡大図・縮図
8 円の面積
9 立体の体積

同じ形の秘密を見つけよう(2)

授業の流れ

1 同じ形のペアを見つけよう

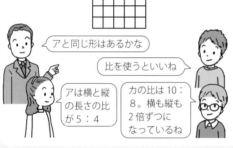

アと同じ形はあるかな

比を使うといいね

アは横と縦の長さの比が 5：4

カの比は 10：8。横も縦も2倍ずつになっているね

同じ形のペアを探させる。情報量が多いので，1つだけ例に取り上げ検討する。その際，横・縦の辺同士の関係に目を付けた考え方を価値づける。

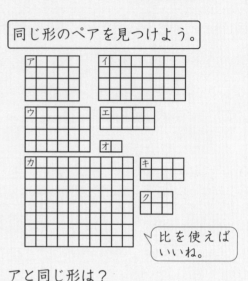

同じ形のペアを見つけよう。

ア　イ　ウ　エ　オ　カ　キ　ク

比を使えばいいね。

アと同じ形は？
横：縦＝ 5：4
　　　　↓×2 ↓×2
カ？→10：8

2 同じ形のペアはまだある?

ウの比は6：4でクの比は3：2

横と縦を同じ数でわってもいいね

比の見方を使って，他にも同じ形の組み合わせがあるのかを考えさせる。横と縦の長さに同じ数をかけてできる比だけではなく，同じ数でわってできる比も等しくなることに気付かせる。

3 エの仲間を作図してみよう

$a：b$ に同じ数をかけてもわっても比の大きさは変わらないことをまとめる。
　仲間のいなかったエと同じ形を，ノートのます目を使って作図させる。数字だけの操作で等しい比を見つけさせるだけではなく，比を形として具体的にイメージ化させることも大切である。

本時の評価

・同じ形の組み合わせ探しを通して、等しい比を探すためには $a:b$ のそれぞれの数に同じ数をかけるかわるかという共通点のあることに気付くことができたか。
・等しい比の見つけ方で見つけたことをもとに、等しい比同士の中の x の値を求めることができたか。

同じ形のペアはまだある?

ウとクは同じかな?
ウの横:縦　6:4
　　　　↓÷2 ↓÷2
クの横:縦　3:2

> 同じ数でわってるね。

イとキは同じかな?
イの横:縦　8:4
　　　　↓÷2 ↓÷2
キの横:縦　4:2 < オも。
　　　　↓÷2 ↓÷2
オの横:縦　2:1

比 $a:b$ の a と b に同じ数をかけてできる比も、a と b を同じ数でわってできる比も、$a:b$ と等しくなります。

エの仲間を作図してみよう

エの横:縦　5:2

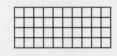

横も縦も2倍ずつすると
　　　　10:4
3倍ずつしたら　15:6
4倍ずつしたら　20:8

---

x はいくつかな?

①2:5 = x:10
　　　　×2
2倍だから $x = 2 \times 2$
　　　　　　= 4

②4:5 = 100:x
　　　×25
25倍だから $x = 5 \times 25$
　　　　　　 = 125

③12:x = 3:5
　　　×4
4倍だから $x = 5 \times 4$
　　　　　　= 20

---

4 比の x はいくつかな?

> ①は5が10になっているから2倍だね
>
> アとカは両方2倍だったから、①も2を2倍すれば x がわかるね

　同じ形のペアを見つけた際の考え方を活用して、比の中の x の値を求めさせる。時間があれば、200:160 = 100:x などのわり算を使う問題も提示する。

まとめ

　同じ図形の組み合わせを探す活動を通して、$a:b$ と等しい比は a にも b にも同じ数をかけるかわるという共通点があることに気付かせる。

　このような見方・考え方を教師が整理していくのではなく、子どもの中から引き出していくことが大切である。

1 対称な図形
2 文字と式
3 分数と整数のかけ算・わり算
4 分数と分数のかけ算
5 分数と分数のわり算
6 比とその利用
7 拡大図・縮図
8 円の面積
9 立体の体積

本時案

比を簡単にして
考えよう

3/8

本時の目標

・比を長方形に置き換えるイメージ化の活動を通して，比を簡単にするよさや計算方法に気付くことができる。

授業の流れ

1 どんな長方形がイメージできるかな？

比から長方形をイメージさせる。同じ形のペアを探させる。4：2は簡単な整数値なので具体的長方形はイメージしやすい。一方，1.2：3.6は小数値なのでイメージしづらい。この思いを引き出し，整数値に置き換えたいという展開へとつなげる。

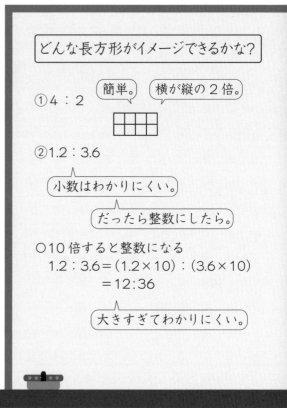

どんな長方形がイメージできるかな？

①4：2　簡単。　横が縦の2倍。

②1.2：3.6

小数はわかりにくい。

だったら整数にしたら。

○10倍すると整数になる
1.2：3.6＝（1.2×10）：（3.6×10）
　　　　＝12：36

大きすぎてわかりにくい。

2 もっとわかりやすくできるかな？

12：36は数値が大きすぎて分かりにくい。そこで，もっと分かりやすくする方法を考えさせる。この場面では，前時での同じ数値でわる考え方が活用できる。

3 $\frac{3}{8}$：$\frac{2}{5}$ のイメージはできるかな？

$\frac{3}{8}$：$\frac{2}{5}$ は，分母の異なる分数のため長方形のイメージは難しい。その思いを子どもたちに投げかけ，「通分」のアイディアを引き出す。その後，分母がなくなればもっとわかりやすくなるアイディアへとつなげていく。

1	対称な図形
2	文字と式
3	分数と整数のかけ算・わり算
4	分数と分数のかけ算
5	分数と分数のわり算
6	比とその利用
7	拡大図・縮図
8	円の面積
9	立体の体積

本時の評価

・比を長方形にイメージ化する活動を通して，小数や分数で構成された比はイメージ化しづらいことに気付き，整数値に置き換えるよさを実感することができたか。

・整数値で構成された比でも，より小さい数値に置き換えた方が，より簡単にイメージ化しやすいことに気付くことができたか。

12：36 をもっとわかりやすくできるかな？

> 2でわれそうだ。

12：36=(12÷2)：(36÷2)
　　　=6：18

> もっとわれる。

6：18=(6÷6)：(18÷6)
　　=1：3

> 一気にわれるよ。

12：36=(12÷12)：(36÷12)

□ = 1：3

---

③ $\frac{3}{8}$：$\frac{2}{5}$

> 全くイメージできない。

> 通分したらいいね。

$\frac{3}{8}$：$\frac{2}{5}$ = $\frac{15}{40}$：$\frac{16}{40}$

> まだわかりにくい。

> 分母がじゃまだね。

$\frac{15}{40}$：$\frac{16}{40}$

= $(\frac{15}{40}×40)$：$(\frac{16}{40}×40)$

=15：16

比の値を変えないで，比をできるだけ小さい整数の比に直すことを比を簡単にするといいます。

比を簡単にしよう

④25：30=(25÷5)：(30÷5)
　　　=5：6

⑤0.6：2.3
=(0.6×10)：(2.3×10)
=6：23

⑥$\frac{2}{3}$：$\frac{3}{4}$ = $\frac{8}{12}$：$\frac{9}{12}$
=$(\frac{8}{12}×12)$：$(\frac{9}{12}×12)$
=8：9

---

4 比を簡単にしよう

　子どもたちが簡単だと考えた比に構成する数値を置き換えていくことを，「比を簡単にする」という言葉でまとめていく。

　その後，複数の練習問題に取り組ませていく。その際には，答えを求めて終わるのではなく，簡単にする前の比と簡単にした後の比を比べさせることで，比を簡単にするよさをその都度実感させていく。

まとめ

　比を構成する2つの数値が小数や分数であるよりも，整数値の方が具体的な長方形のイメージができやすいことを，②③の問題を通して明らかにしていく。比を簡単にするという意味を機械的に教えるのではなく，このように長方形という具体的イメージに置き換えることのよさを実感させることが大切である。

本時案

等しい比で
ゲームをしよう

 4/8

本時の目標

・等しい比を見つけるカードゲームを通して，比が等しい長方形は対角線の角度が等しくなっていることを発見することができる。

授業の流れ

1 等しい比のカードゲームをしよう

私は1：2になる形を作る

だったらぼくは1：3を作ろう

私は2：3シリーズにしよう

　等しい比を見つけるカードゲームをしようと投げかける。ます目方眼厚紙を配布し，4人1組で長方形のカードを作成させる。

　等しい比になるカードを見つけたらカードがとれるというルールである。従って，合同な長方形は作成しない。このゲームのルールは，カード作成前に伝える。すると，意図的に作成する長方形の大きさを分担してから作業に入る班も現れるであろう。このような姿を価値付けたい。

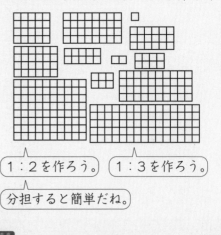

等しい比のカードゲームをしよう。

○4人（班）で分担して長方形のカードを作ろう。
○マス目方眼紙を使って作ろう。
○4人でばらばらのカードを作ろう。

1：2を作ろう。　1：3を作ろう。

分担すると簡単だね。

2 ます目は裏返してゲームしよう

　カードが完成した後で，マス目を裏返してゲームを進めることを伝える。数が見えないので，感覚でカードを選ぶことになる。

　等しい比のカードが複数枚集まると，子どもはそのカードを並べて置きたくなる。そのときのカードの並びにおもしろさを感じる子どもが現れる。その声をクラス全体に投げかけ，共有化していく。

3 頂点がきれいに並ぶのは偶然？

1：3と同じ形もきれいに並ぶ

2：3もきれいに並ぶよ

同じ比の形はきれいだね

　頂点がきれいに並ぶ偶然性を投げかけることで，他の図形にも目を向けさせる。等しい比の図形は，すべて対角線がきれいに並ぶ美しさに気付かせていく。

本時の評価

・等しい比の図形を探す活動を通して，比が等しい長方形は対角線の角度が等しくなっていることや，頂点が対角線上に並ぶ美しさに気づくことができる。
・等しい比の頂点が対角線上に並ぶ性質を使って，等しい比の図形を見つけていくことができる。

マス目は裏にしてゲームをします。

えー。

イメージでとろう。

○答え合わせは裏のマス目で確認。
○等しい比のカードが3枚以上あればとってもよい。

おもしろい。

○右上の頂点がきれいにならんでいる。

頂点がきれいに並ぶのは偶然？

他も大丈夫。

たまたま？

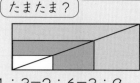

$1:3=2:6=3:9$

やっぱり並んだ。

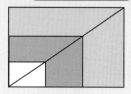

$2:3=4:6=6:9$
○対角線が並ぶ角度もそろう。

重ねて確かめよう。

もう1度ゲームをしよう。
→裏返さなくても重ねればわかるね。

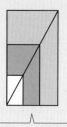

縦向きでもきれいに並ぶね。

---

4 重ねて確かめよう

マス目を使わずに確認しよう

重ねてきれいに並べば等しいね

縦向きでもきれいに並ぶね

　もう1度ゲームをしようと投げかける。今度は，マス目を数えるのではなく図形を重ねることで等しい比の図形を確認していく。

まとめ

　等しい比の図形を探す活動を通して，等しい比になる図形の美しさを子どもたちに味わわせていきたい。
　等しい比の図形を並べさせ，対角線上に1つの頂点が並んでいく美しさを発見させる。この美しさが見えてくると，反対に，マス目を数えなくても対角線の並びで等しい比か否かを判断できる。

1 対称な図形

2 文字と式

3 分数と整数のかけ算・わり算

4 分数と分数のかけ算

5 分数と分数のわり算

6 比とその利用

7 拡大図・縮図

8 円の面積

9 立体の体積

木の高さを調べよう

⑤/⑧

授業の流れ

1 校庭の木の高さは何 m かな？

巻き尺を上からたらしたらどうかな

木と同じ高さの窓から見たらどうかな

どれもできそうもない方法だね

　校庭の木の高さを予想させる。子どもたちは勘で高さを発表する。しかし，本当の高さは測定しないと分からない。

　そこで，その方法を考えさせる。巻き尺などで実測するアイディアが生まれるであろう。しかし，いずれも現実的な方法ではない。実測や目分量では正しい木の高さを求められないことに気づかせる。

校庭の木の高さは何mかな？

・10m？
・20m？ ── 予想はバラバラ。
・35m？

どうやって測る？

↓

巻き尺を上からたらす。

校舎の窓から見る。

木には登れない…。

測ることはできない？
↓
なにかよい方法はないかな？

2 木の影で求められないかな？

　子どもから木の高さを求めるアイディアを求めるのは難しい。そこで，木の影で求められないか教師から投げかける。この情報だけでは木の高さは分からないことを，話し合いを通して子どもたちに気づかせる。

　この気づきが生まれた後，木の棒とその影の図を提示する。この図から「比が使えるのではないかな」という気づきを引き出していきたい。

3 比を使って木の高さが分かるの？

もし棒が１mで影が 0.8mなら

もし木の影が８mなら分かる

できる影の比は同じはずだもんね

　比を使うと木の高さがなぜ分かるのか。木や棒の長さが見えないと理解しづらい。「もし棒の高さが１mなら」などの仮定の考えを引き出したい。

本時の評価

・実測できない木の高さを，既習の比のアイディアを使えば計算などで求められることに気付くことができる。

・木の影や棒の高さ，影などの長さの具体例をあげながら，仮の木の高さを求めることができる。

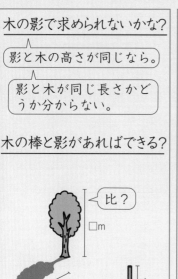

木の影で求められないかな？

> 影と木の高さが同じなら。

> 影と木が同じ長さかどうか分からない。

木の棒と影があればできる？

比？

□m

8m

1m

0.8m

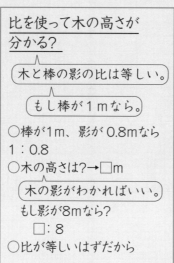

比を使って木の高さが分かる？

> 木と棒の影の比は等しい。

> もし棒が1mなら。

○棒が1m，影が0.8mなら
1：0.8
○木の高さは？→□m

> 木の影がわかればいい。

もし影が8mなら？

□：8
○比が等しいはずだから

1：0.8＝□：8

8÷0.8＝10
1×10＝10　10m

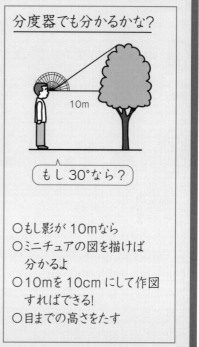

分度器でも分かるかな？

10m

> もし30°なら？

○もし影が10mなら
○ミニチュアの図を描けば
　分かるよ
○10mを10cmにして作図
　すればできる!
○目までの高さをたす

---

4 分度器でも分かるかな？

> 分度器で木の角度を測ればいい

> 30°で影が10mだとしたら？

> ミニチュアの図を描けば分かるよ

　比ではなく分度器を使うアイディアも生まれてくる。この考え方は縮図の学習にもつながる考え方である。黒板に様子を表す図を描き，イメージ化を図る。

まとめ

　実測不可能な校庭の木の高さ（校舎の高さなど）の求め方を考えさせる。これまでに学習した比を使って求めるアイディアを引き出していく。等しい比を使ったアイディアを板書では紹介しているが，比の値を使う求め方もある。子どもの反応に応じて展開を変えていくことが大切である。

　工事現場の測量風景から分度器を使うアイディアも生まれるかもしれない。

本時案

木の高さを
測定しよう

本時の目標

・前時に生まれた比のアイディアを使って、校庭の木の高さを測定することができる。

授業の流れ

1 校庭の木の高さを調べよう

何があれば測定できるかな

棒は教師用の1m定規でいいね

影は長いから巻き尺が必要だね

木と1m定規の影の長さが分かれば比で計算できるね

　実際の校庭に出て、木の高さの測定に出かける。1m定規を使い、等しい比の考え方を使う方法を4人1組で体験させる。

　どんな道具が必要か、何を測定するのか、測定後はどのようにして木の高さを求めるかを確認する。

校庭の木の高さを調べよう。

○4人グループで調べよう。

　　　　　　　1mの棒がいる。

・1m定規を使う（班に1本）
・巻き尺が必要

【調べ方】
①1m定規の影を測る
②木の影を測る
③比を使って求める

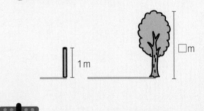

---

2 計算で高さを求めよう

　巻き尺で影の長さを測定した後、比を使って木の高さを求めさせる。1m定規の影が1m未満の場合は、子どもはその長さをcmで表現する。そのため比の計算では、mとcmを混在して計算することが考えられる。

　この考え方を授業では意図的に取り上げ、単位をそろえる必要性に気付かせていく。子どもから生まれない場合は、教師から提示する。

3 単位を揃えて計算しよう

mで計算すると15mだね

cmで計算すると1500cmだね

どちらも同じだ。でもmの方が分かりやすい

　mまたはcmに単位を揃えて比を使って計算しなおす。いずれの単位に揃えても同じ木の高さになることが見えてくる。

1	対称な図形
2	文字と式
3	分数と整数のかけ算・わり算
4	分数と分数のかけ算
5	分数と分数のわり算
6	比とその利用
7	拡大図・縮図
8	円の面積
9	立体の体積

本時の評価

・実測できない木の高さを，木と1m定規の影の長さをもとに等しい比の考え方を使い求めることができたか。

・分度器を使う縮図の考え方を使った方法と比の方法を比較することで，等しい比を使う方法が簡便に計算できることに気付くことができたか。

計算で高さを求めう。

○1m定規の影
　　80㎝

○木の影
　　12m

15m。　　あれ？1.5m。

答えは2種類あるの？

㋐ 1：80＝x：12

㋑ 1：0.8＝x：12

㋐はmとcmが混じってる。

↓

○mかcmどちらかに単位をそろえる。

単位をそろえて計算しよう。

○mにそろえたら

1：0.8＝x：12 （×15）

12÷0.8＝15
1×15＝15　　15m

○cmにそろえたら

100：80＝x：1200 （×15）

1200÷80＝15
100×15＝1500
　　　　　1500cm

同じ高さになった。

分度器でも分かるかな？

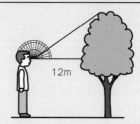

12m

ミニチュアの図をかいたらだいたい15m

図にかくのが大変だね。

比を使う方が簡単。

---

4 分度器でも分かるかな？

比を使う方法で早く測定が終わった班には分度器の方法に挑戦させる。分度器の角度や目までの高さをたす必要があるため，班により結果に大きな差が生まれることが考えられる。

授業ではこの差をあえて取り上げることで，分度器を使う方法の大変さに気付かせる。さらに，比を使う方法の簡便さにも気付かせていく。

まとめ

グラウンドで実際に木の高さの測定を行う。影は時間とともに長さが変化する。測定活動では，木の影も1m定規の影も同時に測定する必要があることにも気付かせる。

分度器での測定は誤差が大きい。縮図の学習で再度取り上げるので正確さを求めすぎない。また，分度器の方法と比較することで，比を使う測定方法の簡便さに気付かせることも大切である。

本時案

台所から比を探そう

授業の流れ

1 台所から比を見つけよう

うどんは1：3と書いてあります

めんつゆが1なの？

水が1なの？これだと薄すぎかな

本当は，つゆ：水＝1：3めんつゆは相当濃いんだね！

　台所にある品物から比を探してくることを事前に宿題として提示する。食品や洗剤などに比が使われている。ここでは，子どもの興味を高める食品を取り上げる。

　比そのものを使って表示されているのがめんつゆである。この素材を最初に取り上げる。商品表示には【つゆ：水】と説明があるが，意図的に比の数値のみをとりあげる。

台所から比を見つけよう。

○めんつゆ
　うどん・そば　1：3 ← どういうこと？
・めんつゆ1なら→水3
　濃い？
・水1なら→めんつゆ3
　薄い？

めんつゆの容器に書いてある。
　つゆ1対　水3
　→めんつゆ：水＝1：3
　めんつゆが相当濃い！

・おでんの比は違う数
　めんつゆ：水＝1：4

---

2 5倍希釈はどういう意味？

　乳酸飲料に表示されている「5倍希釈」を取り上げる。めんつゆの問題から少ない量が原液であることは類推できる。しかし，5倍そのものの意味の捉えにズレが生まれる。
　水が原液の5倍という意味の5：1か，完成した飲料が原液の5倍かという意味の4：1かである。この場面では，それぞれの考え方の根拠をお互いに共有していくことが大切である。後者の考え方が生まれない場合は，教師から提示していく。

3 5：1なの4：1なの？

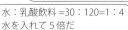
470 mL で15杯。1杯当たりの原液は 470÷15 で約 30 mL

150 mL が完成品だから水は 120 mL

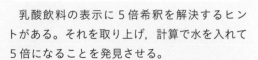
水：乳酸飲料＝30：120＝1：4水を入れて5倍だ

　乳酸飲料の表示に5倍希釈を解決するヒントがある。それを取り上げ，計算で水を入れて5倍になることを発見させる。

1 対称な図形

2 文字と式

3 分数と整数の かけ算・わり算

4 分数と分数の かけ算

5 分数と分数の わり算

6 比とその利用

7 拡大図・縮図

8 円の面積

9 立体の体積

本時の評価

・めんつゆなどの比表示の意味を，表示されている情報をもとに理解することができる。
・「5倍希釈」の意味を，商品表示の情報をもとに計算していくことで理解することができる。また，その意味理解をもとに別の乳酸飲料の水と原液の量を求めることができる。

5倍希釈はどういう意味?

○乳酸飲料の5倍希釈 とは?

> めんつゆみたいに 原液が濃いんだね。

> 5倍希釈の意味?

5倍の水で薄めるなら
水：乳酸飲料＝5：1

・水を入れて5倍なら
水：乳酸飲料＝4：1

> どっちなの?

> どっちもありそう。

5：1なの4：1なの?

・品物の表示にヒントがある。

・5倍に薄めて約15杯分
1杯 150mL
原液 470mL

> 470mLから 15杯作れる。

・1杯当たりの原液は
470÷15＝31.333…
→約 30mL
・150 mLを作るのに
原液 30mL
→水は 150-30＝120

乳酸飲料 水 4 1

・水：乳酸飲料＝120：30
　　　　　　＝4：1

もっと多く飲みたい!

> 150mLは少ない!

・200mL飲むとしたら?

水：乳酸飲料＝4：1
↓
全体が 200mL

> 比の4と1で200。

200÷5＝40
→比1つ分が 40
水は　　40×4＝160mL
原液は 40×1＝40mL

4 200 mL 飲むとしたら?

乳酸飲料に表示されている 150 mL は子どもには少ない量である。そこで，「もし200 mL の乳酸飲料を作るとしたら」と投げかけ，水と原液の量を考えさせる。

乳酸飲料の比が4：1なので，全体量を5と考える。この見方ができれば，200 mL の中の比の1当たりを求めることで解決ができる。全体量を5とする見方や，その中の1当たりを求める見方はこの場面で価値づけていくことが大切である。

まとめ

比の学習を日常生活に生かす場面である。台所の中には，めんつゆのように比そのものが表示されているものと，「5倍希釈」のように比の見方で表示されているものがある。

両者の表示を取り上げ，その意味を探る。「5倍希釈」は2つの見方のズレが生まれる。その意味を教師が一方的に説明するのではなく，商品の表示を頼りに解決していくことが大切である。

本時案

比の活用問題に挑戦

8/8

本時の目標

・比を活用して，生活の中の量の分割問題を解決することができる。

授業の流れ

1 縦と横の長さは何 cm？

60cm を 8：7 に分けよう

8 と 7 で 60 は作れない

針金半分の 30cm にしても作れないな

縦か横の長さのどちらかが分かれば比で求められるのに…

　60cm を 8：7 に分割する問題を提示する。縦の長さも横の長さも分かっていない。そのため，等しい比の見方をそのまま当てはめることはできない。

　この場面では，これまでの等しい比の見方や比の値の見方をそのまま当てはめて考えられないことを実感させることが大切である。

長さ 60cm の針金があります。縦と横の比が 8：7 になるようにします。縦と横の長さを何 cm にすればよいでしょう。

8：7 は正方形に近い。

8 と 7 では 60 にならない？

縦横 1 辺ずつなら 30cm。

30cm も 8 と 7 で作れない。

縦か横のどちらかの長さが分かればいいのに。

2 8：7 のままでは解けないよ

200mL の乳酸飲料と似ている

8：7 だから全体を 15 と考えればいい

60÷15 で比 1 つ当たりは 4 cm だ

　前時の乳酸飲料200mL を作る問題を想起させたい。8：7 の全体量が15であることが見えてくると，解決策が明らかとなる。

3 5 人分ではそれぞれ何 g？

　赤飯のもち米とあずきを使った比の活用問題に取り組ませる。

　3 人分の比をもとに 5 人分を求めさせる。1 人分のそれぞれの量を求めてから 5 倍する方法は等しい比の見方を活用できる。

　最初に 1 当たりの量を求める考え方は，針金の問題とも共通している。2 つの問題の共通点に気づく声が生まれてきたら大いに価値づけていきたい。

比の活用問題に挑戦

1	対称な図形
2	文字と式
3	分数と整数の かけ算・わり算
4	分数と分数の かけ算
5	分数と分数の わり算
6	比とその利用
7	拡大図・縮図
8	円の面積
9	立体の体積

本時の評価

・針金の縦と横を求める問題を解決することを通して，比の全体量の考え方や1当たりの大きさを求める考え方のよさを実感することができる。

・赤飯やくじ引き問題を通して，これまでに学習した等しい比の考え方を活用するよさを実感することができる。

8：7のままでは解けない！

乳酸飲料問題と似ている。

8：7
全体 15

15 の中の8と7。

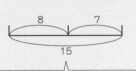

60cm を 15 等分すれば1当たりが分かる。

60÷15=4
4×8=32　縦 32cm
4×7=28　横 28cm

他の問題にチャレンジ

・3人分の赤飯を作るのに，300g のもち米と 30g のあずきを使います。

① 5人分ではもち米とあずきはそれぞれ何 g 必要ですか。

1人分は $\frac{1}{3}$ →100：10

5人分→100：10=500：50
×5　×5

もち米 500g　あずき 50g

② 同じ赤飯を 400g のもち米で作ります。何gのあずきが必要ですか。

100：10=400：□
×4

400÷100=4
10×4=40　40g

・くじ引きを作ります。当たりとはずれの比が3：12になるようにします。

① 当たりが 21 枚ならはずれは何枚ですか。

3：12=21：□
×7

21÷3=7
12×7=84　84 枚

② はずれが 60 枚なら当たりは何枚ですか。

3：12=□：60
×5

60÷12=5
3×5=15　15 枚

---

4 当たりくじとはずれくじは何枚？

　　　当たりとはずれが 3：12 で構成されるくじの，当たりとはずれの枚数を考えさせる問題である。等しい比を活用すれば，板書のようにそれぞれの枚数を求めていくことができる。

　一方，はずれくじは当たりくじの 4 倍である。比の値的な見方を使って，それぞれの枚数を求めることもできる。

　あらかじめ決めた展開一辺倒で進めるのではなく，子どもたちの反応に応じて，展開を柔軟に変えていくことも大切である。

まとめ

　　　比を使った活用問題に取り組む場面である。針金の問題は，等しい比をそのまま当てはめようとしても解決することはできない。全体量15をもとに，1当たり量を求めることが必要になる。1当たりの見方・考え方は算数では大切な考え方である。1当たりで考えるよさを子どもたちに実感させることが大切である。

　赤飯やくじ引き問題では，等しい比の見方を使い解決できるよさを実感させる。

7 拡大図・縮図 （9時間扱い）

単元の目標

・複数の図形を比較し，それぞれの図形の構成要素に着目する活動を通して，拡大図・縮図に必要な
条件を理解するとともに，それらの図形を作図することができる。

評価規準

知識・技能	①拡大図・縮図の意味や性質を理解することができる。また，拡大図・縮図を作図することができる。
思考・判断・表現	②拡大図・縮図の作図のしかたを考え，言葉や図を用いて表現したり，実際には測定しにくい長さを計算で求める方法を考えたりする力を養う。
主体的に学習に取り組む態度	③身の回りから拡大図や縮図を見つけたり，拡大図・縮図を日常生活で活用しようとしたりする態度を養う。

指導計画　全9時間

次	時	主な学習活動
第1次「拡大図と縮図」	1	同じ形に見える図形の弁別を通して，拡大図の意味と性質を理解することができる。
	2	長方形の縮図の横の長さを考える活動を通して，縮図の意味と性質を理解することができる。
第2次「拡大図と縮図の作図」	3	方眼を利用して，2倍の拡大図と$\frac{1}{2}$の縮図を作図することができる。
	4	白紙の上に2倍の拡大図を作図するための条件を考え，実際に作図することができる。
	5	四角形・五角形の拡大図に必要な条件を考える活動を通して，その情報数を考え実際に作図することがきる。
	6	中心を使った拡大図・縮図の作図の仕方を理解し，実際に作図することができる。
第3次「縮図の利用」	7	縮図の活用例の1つに縮尺があることを知り，縮尺の意味を理解することができる。
	8	校舎の高さのような身の回りの長さの測定に，「縮図」の考え方を活用することができる。
	9	

単元の基礎・基本と見方・考え方

⑴「拡大図」と「縮図」の意味

　本単元で扱う「拡大図」と「縮図」は，図形に対して子どもが「同じ形」と見なす一つの見方である。子どもたちは5年生で「ぴったり重なる同じ形」として「合同」を学習している。しかし，「拡大図」や「縮図」は，同じ形ではあるが比較する形の大きさが異なる。辺の長さが異なっても，複数の図形が同じ形に見える理由を整理していくことが本単元における大切な学習内容となる。

　「拡大図」や「縮図」自体は，子どもにとっては新しい概念ではない。日頃の各教科の授業でも，教師が黒板に提示した資料と子どもが手元に持っている資料の大きさが異なっていることはよくみられる。それらの資料を，子どもたちは違和感を抱くことなく「同じ形」だとみなしている。また，コピー機の拡大・縮小機能や，カメラのズームあるいは地図など，「拡大図」と「縮図」は子どもの身の回りにはたくさん存在している。本単元の役割は，それまでなんとなく分かったつもりになっていた「拡大図」と「縮図」について，数学的な見方・考え方で明確に整理していくことが大切な役割となる。

　本単元で最も大切な見方・考え方は，図形の構成要素に視点を当てて「拡大図」と「縮図」を判断することである。合同図形の判断基準は，角の大きさと辺の長さがともに等しいことである。そこでの視点をもとに，「拡大図」と「縮図」の角の大きさと辺の長さに着目していこうとする見方・考え方を引き出すことが大切である。「拡大図」と「縮図」の辺の長さの関係は，長方形であれば，2つの図の縦と横の長さの差ではなく，長さの比で判断することを実際に図形を比較することで気付かせていくことが大切である。

⑵「拡大図」「縮図」の作図から帰納的に考える

　第4・5時の「拡大図」と「縮図」の作図では，それに必要な情報を教師から提示するのではなく子どもから引き出す展開にしている。情報なしで図形だけを示すことで，子どもから「角の大きさが知りたい」「2本の辺の長さも知りたい」などの図形の構成要素に視点を当てた声を引き出していく。子どもから生まれた視点で実際に作図をすると，作図に必要な情報数は三角形は3つ，四角形は5つであることがわかる。この結果から，「情報が2つ増えたから五角形は7つ，六角形は9つの情報があれば作図ができるだろう」という類推的な見方・考え方を引き出していくことも大切である。

　また，投影図の手法で特定の1点を基準にした「拡大図」や「縮図」の作図を扱い，分度器を使わなくてもコンパスと定規だけで作図ができることも体験させたい。この方法で「拡大図」や「縮図」が作図できる理由を考えさせる中で，等しい比の見方・考え方を引き出すことも大切である。

⑶比の見方・考え方を「縮図」に生かす

　学校の地図の縮尺を考える学習や校舎の高さを考える学習では，比の学習での見方・考え方を活用していくことが大切である。地図上で1：100とあれば地図上の1cmが実際には100cm=1mになることは，比の学習そのものを生かすことにつながっている。このような比の学習をもとに実際の大きさや縮尺を求める子どもの姿を価値付けていくことが大切である。

1 対称な図形

2 文字と式

3 分数と整数のかけ算・わり算

4 分数と分数のかけ算

5 分数と分数のわり算

6 比とその利用

7 拡大図・縮図

8 円の面積

9 立体の体積

本時案

拡大図ってなに？

授業の流れ

1 矢印を正しく拡大したのはどれ？

正しく拡大は同じ形のままでそのまま大きくなる

だったら3つとも同じ形かな

でも①はなんとなく違う気がする

どうやって正しく拡大したか調べたらいいのかな

「正しく拡大」の言葉の意味について質問の声があがる。「正しく拡大」の子どものイメージを引き出しながら，「同じ形でそのまま大きくなる」という概念を共有化していく。提示する3つの図形が，見た目は元の図形と同じ形に見える。一方，①の図形に漠然とした違和感を抱く子どももいるであろう。図形に対するズレが生まれたのである。このズレから，どれが正しい図形なのかを確かめる方法を探る声を引き出していきたい。

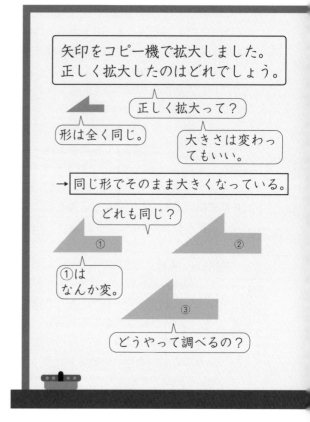

矢印をコピー機で拡大しました。正しく拡大したのはどれでしょう。

正しく拡大って？

形は全く同じ。

大きさは変わってもいい。

→ 同じ形でそのまま大きくなっている。

どれも同じ？

① ②

①はなんか変。

③

どうやって調べるの？

2 正しい形どうやって調べるの？

正しい拡大図の調べ方を考えさせる。子どもからは，元の矢印と拡大した矢印を重ねるアイディアが生まれてくる。子どもが拡大図に対して違和感を抱く①と元の図形を重ねる。右側の直角部分は重なるが，左の斜辺部分はずれてしまう。この事実から，角度が違うと正しい拡大図とは言えないという条件が見えてくる。これは合同の条件とも共通する。このような見方も引き出していきたい。

3 ②③は正しく拡大した図？

②③は，どちらも拡大図に見える。重ねると，②③とも角度は同じになる。しかし，③が②よりも横長になることに違和感を抱く声があがる。辺の長さを調べると，元の矢印と比較して②は全辺が2倍，③は2倍の辺とそうではない辺が混在する。これが違和感の要因であることを実感させ，拡大図の条件が角の等しさと辺の長さの比が全て等しいことに気づかせる。

1 対称な図形

2 文字と式

3 分数と整数のかけ算・わり算

4 分数と分数のかけ算

5 分数と分数のわり算

6 比とその利用

7 拡大図・縮図

8 円の面積

9 立体の体積

本時の評価

・元の矢印の拡大図を弁別する活動を通して，対応する角の大きさが等しいことと対応する辺の比が全て等しいことが拡大図の条件であることに気づくことができたか。

・自分たちで見いだした拡大図の条件の視点で，正しい台形の拡大図を見つけることができたか。

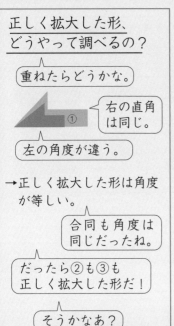

正しく拡大した形，どうやって調べるの？

重ねたらどうかな。

右の直角は同じ。

左の角度が違う。

→正しく拡大した形は角度が等しい。

合同も角度は同じだったね。

だったら②も③も正しく拡大した形だ！

そうかなあ？

②③は正しく拡大した図？

右の直角は同じ。

③は②よりも横長だ。

左の角度はぴったり同じ。

→辺の長さを調べよう。

②は全部の辺が2倍

③は2倍じゃない辺がある

→③は正しく拡大していない。

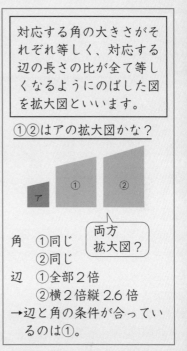

対応する角の大きさがそれぞれ等しく，対応する辺の長さの比が全て等しくなるようにのばした図を拡大図といいます。

①②はアの拡大図かな？

両方拡大図？

角　①同じ
　　②同じ

辺　①全部2倍
　　②横2倍縦2.6倍

→辺と角の条件が合っているのは①。

4 ①②はアの拡大図かな？

①も②も拡大図に見えるよ

でも角と辺を調べないと分からないよ

角は①②も全部同じだね

①は辺の比が2倍，②は2倍じゃない辺がある

見た目では①②とも拡大図に見える。角と辺の条件で2つの台形を調べることで，①が拡大図であることが見えてくる。

まとめ

　矢印の拡大図を考えさせる。正しく拡大する意味を，同じ形でそのまま大きくなることと共有した上で調べていく。角の大きさの等しさが条件であることは分かりやすい。一方，辺の長さの関係は気づきにくい。そこで，②③の横幅の違いへの気づきを引き出し，辺の比が全て等しいことが2つ目の拡大図の条件であることを子どもから引き出していくことが大切である。

本時案

縮図ってなに？

本時の目標

・長方形の縮図の横の長さを考える活動を通して，縮図の意味と性質を理解することができる。

授業の流れ

1 縦を 3 cm にしたら横は何 cm？

- 縦が 1cm 短くなった
- 2 つの長方形を作図して確かめよう
- だったら横も 1 cm 短くすればいい
- 横 7cm だとなんか変な形？
- つぶれすぎてる？

　縦 4 cm，横 8 cm の長方形を縮小した大きさを考えさせる。縦を 3 cm に縮小した場合の横の長さを考えさせる。縦の長さが 1 cm 短くなっていることから，横の長さも 1 cm 短くする考え方が生まれてくる。そこで，縦 4 cm 横 8 cm の元の図形と縦 3 cm，横 7 cm の長方形を実際に作図させる。作図した 2 つの長方形を比べる中から，横 7 cm の長方形に対する違和感を引き出していきたい。

縦 4 cm、横 8 cm の長方形を
コピー機で縮小します。

4cm　ア　8cm

拡大図の反対だね。

縦の長さを 3 cm に縮小します。
横の長さは何 cm にしたらいいですか？

- 縦は 1 cm 短くなった。
- だったら横も 1 cm 短くする。

作図して確かめよう

4cm　ア　8cm　　3cm　①　7cm

なんか変？

---

2 横 7 cm だとなにが変なの？

　横 7 cm の長方形に対する違和感の要因を考えさせる。拡大図の条件が角の大きさが等しいことと辺の比であった学習を想起させることが大切である。縦の辺の長さ同士の比と横の辺の長さ同士の比を比較する見方や，それぞれが何倍の関係になっているのかで比較する見方を引き出していくことが大切である。その後，正しい縮図にするための横の長さを考えさせていく。

3 実際に作図して確かめよう

　比の見方を使って求めた横の長さを使って，実際に縮図（②）を作図する。①の長方形とは異なり，②の長方形はアと同じ形に見えることが実感できる。

　2 つの長方形を比べて，比の見方が 2 つの長方形の縦同士・横同士の関係だけではなく，2 つの図の縦：横の比として見ても等しくなることに気付かせていきたい。

1 対称な図形

2 文字と式

3 分数と整数の かけ算・わり算

4 分数と分数の かけ算

5 分数と分数の わり算

6 比とその利用

7 拡大図・縮図

8 円の面積

9 立体の体積

本時の評価

・長方形の縮図の横の長さを考える活動を通して，縮図に必要な条件が角の大きさが等しいことと，辺の比が等しいことに気付くことができる。

・縮図の条件をもとに，正しい縮図を見つけることができる。

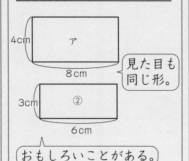

横7cmだとなにが変なの？

角度は全部90°。 | 拡大図は辺の比だった。

　　　　もと　　①

縦：4cm　3cm　$\frac{3}{4}=\frac{6}{8}$倍

横：8cm　7cm　$\frac{7}{8}$倍

比で見ても違う

縦：4：3＝8：6

横：8：7

横は何cmにしたらいいの

縦の比に合わせると8：6

　　　　　　　　→6cm

何倍で考えると$\frac{6}{8}$倍

→$8×\frac{6}{8}=6cm$

実際に作図して確かめよう

4cm　ア　8cm

見た目も同じ形。

3cm　②　6cm

おもしろいことがある。

縦：横の比も同じだ

ア　4：8＝12：24

②　3：6＝12：24

ア縦：②縦＝ア横：②横

ア縦：ア横＝②縦：②横

対応する角の大きさがそれぞれ等しく，対応する辺の長さの比が全て等しくなるように縮めた図を縮図といいます。

③④はイの縮図ですか？

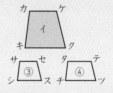

③は縮図　　　イ：③

4本の辺全部が2：1

④は縮図×　　イ：④

違う比が混じっている。 | 2：1　3：2

---

4 ③④はイの縮図かな？

③も④も角度は同じだね

辺の比を調べないとわからないね

③は全部の辺の比が等しい

④は辺の比が2：1と3：2が混じってるから違う

　縮図の定義をまとめる。その後，③④が提示された台形イの縮図であるかを考えさせる。角度はすべて等しいが，辺の比が異なるのが④，辺の比も等しいのが③であることに気付かせていく。

まとめ

　長方形の縮図を考えさせる。縦が1cm短くなれば横も1cm短くすればよいと考えがちである。実際に作図することで，違和感をもたせることが大切である。拡大図の学習を想起させ，角の大きさと辺の比の2つの条件が必要なことに気付かせていくことが大切である。さらに，2つの図形同士の辺の比だけでなく，各図形の縦横の辺の比も等しくなるおもしろさも実感させていきたい。

本時案

方眼で拡大図・縮図を作図しよう

3/9

本時の目標

・方眼を利用して，2倍の拡大図と$\frac{1}{2}$の縮図を作図することができる。

授業の流れ

1 2倍の拡大図を作図しよう

方眼上に提示された四角形の2倍の拡大図を作図しようと投げかける。2倍とは，辺の長さが2倍であることを確認する。角度は分度器を使えば確認できる。しかし，ここではそれは使わず，ます目を頼りに作図する方法を考えさせる。子どもたちに自由に作図させてみる。その中から，頂点エの位置を頂点アからの右→上の移動距離の視点で考える見方に気付かせることが大切である。

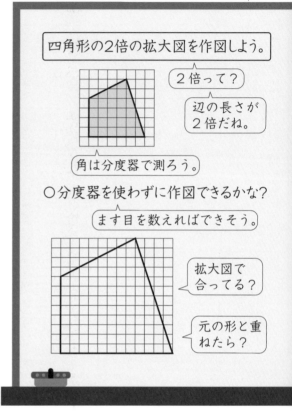

2 横2倍の拡大図で合ってる？

ます目を使って作図した四角形が本当に2倍の拡大図なのか考える。頂点エの位置が2倍の拡大図の位置で正しいかが話題となる。頂点キが頂点オから右に4ます，上に2ます進んだ位置にあるという見方ができることが大切である。2倍の拡大図であるので，右→上という頂点の関係も2倍になることを子どもたちに見いださせることも大切である。

3 $\frac{1}{2}$の縮図を作図しよう

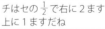

同じ四角形の$\frac{1}{2}$の縮図の作図の仕方を考えさせる。2倍の拡大図で，頂点をます目の上下左右の移動距離で考えた見方が，縮図でも活用できることに気付かせていくことが大切である。

方眼で拡大図・縮図を作図しよう

126

1 対称な図形

2 文字と式

3 分数と整数のかけ算・わり算

4 分数と分数のかけ算

5 分数と分数のわり算

6 比とその利用

7 拡大図・縮図

8 円の面積

9 立体の体積

本時の評価

・方眼を利用して，2倍の拡大図と$\frac{1}{2}$の縮図を作図することができる。

・拡大図・縮図の頂点の位置を決定付けるためには，ます目の上下左右の移動方向と移動距離に目を向けることが必要なことに気付くことができる。

2倍の拡大図で合ってる？

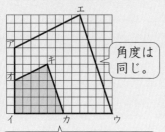

角度は同じ。

斜めの辺は2倍になってる？

頂点の決め方は？

・ア・ウは2倍の長さの位置

・エの決め方は

→キはオから右に4、上に2ます

→エはキの2倍の位置だからアから右に8、上に4ます

$\frac{1}{2}$の縮図を作図しよう

拡大図の反対で考えよう。

横と上の動きで考えよう。

頂点の決め方は？

・ソ・タは$\frac{1}{2}$の長さの位置

・チの決め方は

→セはサから右に4、上に2ます

→チはセの$\frac{1}{2}$の位置だからソから右に2、上に1ます

3つの図形を重ねてみよう

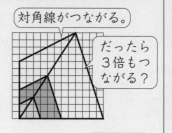

対角線がつながる。

だったら3倍もつながる？

きれいだね。

3倍もつながった。

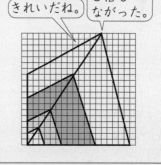

---

4 3つの図形を重ねてみよう

3倍も対角線に並びそう

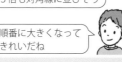

順番に大きくなってきれいだね

　元の四角形，2倍の拡大図，$\frac{1}{2}$の縮図を重ねようと投げかける。対角線が一直線上につながる気付きを引き出したい。さらに，他の拡大図・縮図も対角線上に並びそうという類推的見方を引き出すことが大切である。実際に並べることで，拡大図・縮図がきれいに並ぶ美しさも味わわせたい。

まとめ

　方眼の上に四角形の拡大図と縮図を作図する活動を通して，対応する角の大きさと対応する辺の長さの関係を再確認することが大切である。ます目だけを使うという条件を制限することで，頂点の位置を決定するためにはます目の上下左右の移動距離の見方を引き出すことが必要となる。この見方は，プログラミング思考ともつながる一面があるため，大切に扱っていきたい。

方眼を使わず拡大図・縮図を作図しよう

本時の目標

・白紙の上に2倍の拡大図を作図するための条件を考え，実際に作図することができる。

授業の流れ

1 2倍の拡大図を作図しよう

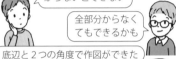

辺と角の大きさが分からないとできない

全部分からなくてもできるかも

底辺と2つの角度で作図ができた

だったら他の情報でも作図ができるかもしれないね

　白紙の上に三角形の2倍の拡大図を作図しようと投げかける。角と辺の大きさを意図的に提示しない。角や辺の情報がなければ作図ができないという思いを引き出す。その上で，角と辺の全ての情報がなくても作図ができるのではないかという見方を引き出していきたい。ここでは，その一例の底辺の長さと両底角の大きさを知らせ作図する。実際に作図できた事実から，他の情報でも作図ができそうだという見方を引き出していく。

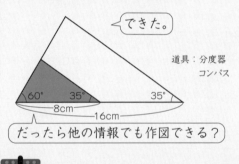

三角形の2倍の拡大図を作図しよう。

ます目がないね。

これじゃあ無理！

辺と角の情報全部教えて。

全部の情報はいらないよ。

○例えば…
　→底辺と両はしの角の情報なら？

できた。

道具：分度器
コンパス

60°　35°　35°
8cm　16cm

だったら他の情報でも作図できる？

2 他の情報でも作図できる？

　底辺と両端の角（二角挟辺）以外の場所の情報でも，2倍の拡大図が作図できそうだという声を引き出していくことが大切である。2本の辺と1つの角，3本の辺の2つのパターンが発表される。いずれもすぐに作図させるのではなく，本当に2倍の三角形が作図できるのか予想させてから取り組ませていく。さらに，実際に作図を終えた後は「きまり」に気付く声を引き出していきたい。

3 拡大図にきまりはあるの？

　底辺と両底角，2辺と間の角，3辺の情報で作図ができた。この結果から，3つの情報があれば2倍の拡大図ができるきまりへの気付きが生まれてくる。このきまりから，3つの角でも作図できるという見方を引き出していく。実際に作図をして確かめると，2倍以外の拡大図ができる。この事実から，辺の長さの情報は必ず必要だという条件を見いださせることが大切である。

1 対称な図形

2 文字と式

3 分数と整数のかけ算・わり算

4 分数と分数のかけ算

5 分数と分数のわり算

6 比とその利用

7 拡大図・縮図

8 円の面積

9 立体の体積

本時の評価

・三角形の2倍の拡大図を作図するために必要な条件を考える活動を通して，作図には3つの情報が必要なことと，辺の情報が必ず必要なことを見いだすことができる。

・三角形の $\frac{1}{2}$ の縮図を作図する場面では，拡大図で見いだした条件を類推的に当てはめ作図することができる。

他の情報でも作図できる？

→底辺と左斜めの辺と
その間の角の情報なら？

道具：分度器
コンパス

できた。

9.2cm / 4.6cm / 60° / 8cm / 16cm

3本の辺でもできる？

→3本の辺の情報なら？

道具：コンパス

9.2cm / 13.6cm / 4.6cm / 6.8cm / 8cm / 16cm

きまりがある。

拡大図にきまりはある？

底辺 60° 35°
底辺 左辺 60°
底辺 左辺 右辺
　　　　　　｝3つの情報

だったら3つの角もある。

→3つの角の情報なら？

道具：分度器

85° / 85° / 85° / 85° / 60° 35° / 35° / 35° / 35°

2倍以外もできる
→辺の情報は必ず必要

$\frac{1}{2}$ の縮図を作図しよう

3つの情報があれば
作図できるね。

道具：分度器
コンパス

60° 35° / 35° / 4cm / 8cm

→底辺と両はしの角

道具：分度器
コンパス

4.6cm / 2.3cm / 60° / 4cm / 8cm

→底辺、左辺と左角

道具：コンパス

4.6cm / 6.8cm / 2.3cm / 3.4cm / 4cm / 8cm

→右辺、左辺、左角

4　$\frac{1}{2}$ の縮図を作図しよう

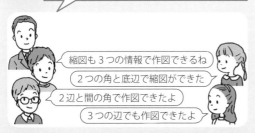

縮図も3つの情報で作図できるね

2つの角と底辺で縮図ができた

2辺と間の角で作図できたよ

3つの辺でも作図できたよ

拡大図で見つけたきまりから，縮図も辺を含む3つの情報で作図できると子どもたちは考える。そこで，子どもに必要な情報を選択させ縮図を作図させる。

まとめ

　三角形の2倍の拡大図の作図に必要な情報を考え，実際に作図をして確かめる。作図での結果から，拡大図には3つの情報が必要なこと，最低1つの辺の情報が必要なことを見いださせる。単なる作図で終わるのではなく，作図結果からきまりを見いだす見方を培うことが大切である。縮図でも，拡大図と同じ条件で作図ができそうだという類推的見方を引き出し価値づけることも大切である。

四角形の
拡大図・縮図を
作図しよう

授業の流れ

1 四角形の2倍の拡大図を作図しよう

> 三角形は3つの情報だったから四角形は4つで作図できそう

> 辺の数と情報の数は同じだね

> 4つの情報ではうまく作図できない

> もう1つの情報がないと作図できない

　三角形の拡大図が3つの情報で作図ができたことから、四角形は4つの情報で作図ができると子どもたちは予想する。辺の数と情報数が対応すると子どもたちは考える。そこで、4つの情報で作図ができるか試させてみる。すると、4つでは正しい拡大図が作図できないことが見えてくる。その上で、「左上の角度が知りたい」「右斜め辺の長さが知りたい」という追加の情報を知りたい気持ちを引き出すことが大切である。

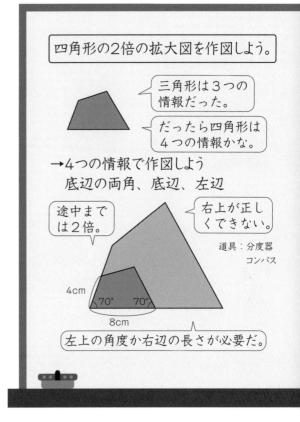

四角形の2倍の拡大図を作図しよう。

> 三角形は3つの情報だった。

> だったら四角形は4つの情報かな。

→4つの情報で作図しよう
　底辺の両角、底辺、左辺

> 途中までは2倍。

> 右上が正しくできない。

道具：分度器
　　　コンパス

4cm　70°　70°
8cm

> 左上の角度か右辺の長さが必要だ。

2 5つの情報で拡大図はできる？

　5つの情報があれば2倍の拡大図が作図できそうだという子どもの思いを取り上げる。このように、子どもの思いをもとに授業を展開することが大切である。

　左上の角の大きさを追加して作図すると、拡大図が完成する。また、右斜辺の長さを追加しても拡大図が完成する。これらの結果から、四角形の拡大図を作図するためには5つの情報が必要なことが見えてくる。

3 5つの情報で縮図もできるかな？

> 三角形は拡大図と同じ情報数でできたね

> それなら四角形も5つでできそうだ

> やっぱり5つで縮図ができたね

> 四角形は拡大図も縮図も5つでできる

　三角形が3つの情報で縮図ができた事実から、四角形の縮図もできるだろうという見方を引き出すことが大切である。

1 対称な図形

2 文字と式

3 分数と整数のかけ算・わり算

4 分数と分数のかけ算

5 分数と分数のわり算

6 比とその利用

7 拡大図・縮図

8 円の面積

9 立体の体積

本時の評価

・四角形・五角形の拡大図に必要な条件を考える活動を通して，四角形には5つ，五角形には7つの情報が必要なことを見いだし実際に作図することができる。

・三角形・四角形の拡大図の作図に必要な情報数の変化にきまりを見いだし，五角形に必要な情報数を類推的に考えることができる。

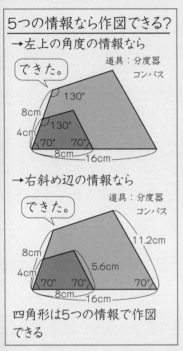

5つの情報なら作図できる？

→左上の角度の情報なら

できた。

道具：分度器　コンパス

130°
8cm　130°
4cm　70°　70°
8cm　16cm

→右斜め辺の情報なら

できた。

道具：分度器　コンパス

11.2cm
8cm　5.6cm
4cm　70°　70°　70°
8cm　16cm

四角形は5つの情報で作図できる

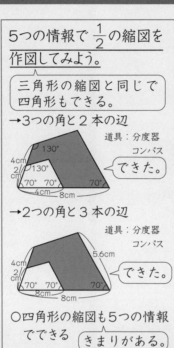

5つの情報で $\frac{1}{2}$ の縮図を作図してみよう。

三角形の縮図と同じで四角形もできる。

→3つの角と2本の辺

道具：分度器　コンパス

130°
4cm 130°
2cm 70° 70° 70°
4cm 8cm

できた。

→2つの角と3本の辺

5.6cm
4cm
2cm 70° 70° 70°
8cm 8cm

道具：分度器　コンパス

できた。

○四角形の縮図も5つの情報でできる

きまりがある。

拡大図・縮図の情報数にきまりはあるの？

2つずつ増える。

三角形：3つ
　　　　　　　+2
四角形：5つ
　　　　　　　+2
五角形：7つ

→五角形の2倍を作図

8.2cm
4.1cm　70°
70°　128°　4.8cm
2.4cm 128° 128° 2.4cm 128°
4.8cm
9.6cm

六角形は9つ。　できた。

七角形は11。

---

4 拡大図の情報数にきまりはある？

三角形から四角形は2つ情報が増えた

五角形も2つ増えて7つで作図できそう

　四角形の拡大図・縮図が完成すると，きまりに気付く声があがる。必要な情報数の変化のきまりである。2つ増えることから，五角形の情報数も2つ増えると類推的に考える見方を引き出すことが大切である。実際に作図を行い，子どもの見方の確からしさを実感させることが大切である。

まとめ

　四角形の拡大図の作図に必要な情報数を考える。三角形が3つの情報で作図できることから四角形は4つでできそうだと考える。実際に作図を行うと，5つの情報が必要なことが分かる。この結果から，必要な情報数には辺の数が増えるごとに2つずつ増えるというきまりがありそうだという見方を引き出すことが大切である。さらに類推的に六角形への見方を広げることも大切である。

本時案

中心を使って拡大図・縮図を作図しよう

本時の目標

・中心を使った拡大図・縮図の作図の仕方を理解し，実際に作図することができる。

授業の流れ

1 中心を使って拡大図を作図しよう

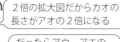

なんでカが直線の上にあるの

アオの長さの2倍がカオの長さになっている

2倍の拡大図だからカオの長さがアオの2倍になる

だったらアウ，アエの2倍を探せばいいんだね

　四角形の中に1つの点を決めて，2倍の拡大図が作図できるか考えさせる。中心から伸びた4本の直線と頂点カを作図の仕方のヒントとして提示する。しかし，頂点カの意味が分からない子どももいる。そこで，中心からの長さがアオとカオと2倍の関係になっていることを時間をかけて共有し，その後の作図の仕方を見いだせることが大切である。

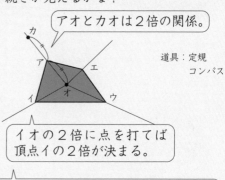

中心を使って四角形の2倍の拡大図を作図しよう。

中心ってなに？

○四角形の中に1つ点を決める→中心→続きが見えるかな？

アオとカオは2倍の関係。

道具：定規　コンパス

イオの2倍に点を打てば頂点イの2倍が決まる。

頂点ウ・エも2倍に点を打てばいいね。

2 2倍の頂点を決めて作図しよう

中心から2倍に拡大図の頂点を決めよう

頂点カキクケをつなげば完成だ

今までの方法よりも簡単だね

中心を変えても作図できるかな

　中心から頂点の長さの2倍に点を打ち，頂点同士をつなぎ拡大図が作図できる。長さだけで作図できる簡単さを実感させたい。

3 中心を変えてもできるかな？

　中心が四角形の中央付近以外でも作図できるかを考える。中心という言葉から，四角形の端の位置ではできないと考える子どももいる。中心を子どもに自由に決めさせ，作図ができるのか確かめる。四角形の外側に中心点を打つ子がいたらおもしろい。子どもから生まれない場合は，教師から投げかけ拡大図を作図させてみる。他の図形も同じ方法で作図できるのかなという声も引き出したい。

1 対称な図形

2 文字と式

3 分数と整数のかけ算・わり算

4 分数と分数のかけ算

5 分数と分数のわり算

6 比とその利用

7 拡大図・縮図

8 円の面積

9 立体の体積

本時の評価

・中心を使った拡大図・縮図の作図の仕方を理解し作図することができる。
・中心を使った作図は，中心から頂点までの長さも拡大・縮小する性質を活用していることに気付くことができる。

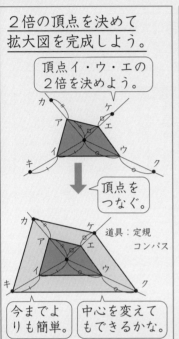

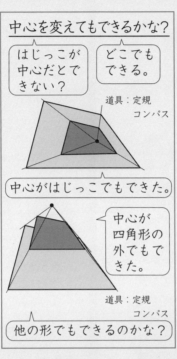

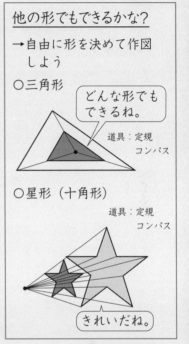

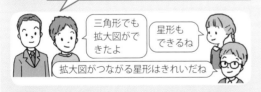

4 他の形でもできるかな？

三角形でも拡大図ができたよ

星形もできるね

拡大図がつながる星形はきれいだね

　図形と中心を子どもたちに自由に決めさせ，拡大図や縮図を作図させる。どの形でも，中心をどこに設定しても作図ができることを実感させていく。時間があれば，完成した図形に色を塗らせて，子ども同士で見合う場面を設定していきたい。

まとめ

　中心を使った拡大図の作図の仕方を考えさせる。形式的に作図方法を学ぶのではなく，2倍の拡大図なら中心から頂点までの長さも2倍になる性質を活用した作図方法であることを気付かせることが大切である。また，四角形で見つけた方法が他の中心の位置や他の形でもできるだろうかと類推的に対象場面を広げて考える見方を引き出すことが大切である。

・縮図の活用例の１つに縮尺があることを知り，縮尺の意味を理解することができる。

授業の流れ

1 学校の地図は何分の１？

縮図だけど長さがないとわからない

プールが25mと書いてあるよ

地図の長さは2.5cmだから2.5÷2500で$\frac{1}{1000}$だ

だったら，他の長さも計算でわかるね

　数値が入っていない学校の地図を提示し，何分の１の縮図かを問う。このままではわからない。しかし，プールの長さだけが25mと書かれている。この長さに気付けば，地図上のプールの長さを測定することで，縮図の割合を求めることができる。地図上のプールの長さは2.5cm。実際の長さは25mだから，$\frac{1}{1000}$の縮図であることが分かる。長い長さも縮図で小さく表せることを実感させる。

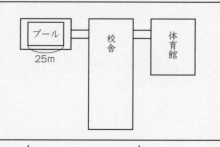

学校の地図は、何分の１の縮図になっていますか？

プール
25m
校舎
体育館

全然わからない。

プールが25mだ。

地図のプール：2.5cm
本当のプール：25m＝2500cm
2.5÷2500＝0.001
　　　　　　　＝$\frac{1}{1000}$

他の長さもわかるね。

2 学校のその他の場所の本当の長さを求めよう

体育館の縦は4.5cmだから本当は45m

45mが4.5cmで表せるから小さくなって便利だね

　学校の地図で自分が調べたい場所を選ばせ，計算で実際の長さを求めさせる。45mが4.5cmで表せることなどから，縮図のよさを実感させたい。その後，「縮尺」という用語の意味を教え，実際の長さを縮めた割合を意味していることを確認する。

3 地図帳から縮尺を探そう

　社会科で使う地図帳の中から，縮尺を探させる。縮尺という視点でそれまで地図帳を見ることがなかったため，様々な縮尺が１冊の地図帳の中に混じっていることに驚くであろう。さらに，北海道や日本全体などの広大な場所を地図帳に収めるためには，縮尺の割合を大きくしないと入り切らないことに気付かせていくことが大切である。

1 対称な図形

2 文字と式

3 分数と整数のかけ算・わり算

4 分数と分数のかけ算

5 分数と分数のわり算

6 比とその利用

7 拡大図・縮図

8 円の面積

9 立体の体積

本時の評価

・縮図の活用例の1つに縮尺があることを知り，縮尺の意味を理解し，実際の長さを計算で求めることができる。

・地図帳から縮尺には様々な割合があることに気付き，地図の中の長さから実際の長さを縮尺の割合に応じて計算で求めることができる。

学校の他の場所の本当の長さを調べよう。

　体育館の横：3cm
　　3×1000＝3000cm
　　　　　　＝30m
　体育館の縦：4.5cm
　　4.5×1000＝4500cm
　　　　　　　＝45m

45mが4.5cmとは小さいね。

実際の長さを縮めた割合を縮尺といいます。縮尺には3つの表し方があります。

① $\dfrac{1}{1000}$　②1:1000

③ [0　10　20　30m スケールバー]

地図帳から縮尺を探そう。

いろいろありそう。

バラバラだね。

南西諸島　　1:5000000
東京中心　　1:100000
東京周辺　　1:500000
東北地方　　1:1200000
北海道地方　1:1800000
日本周辺　　1:22600000

北海道は広いから縮尺の割合を大きくしないとだめなんだね。

地図で1cmの場所の本当の長さは？

○東京中心なら
1×100000＝100000cm
　　　　　＝1000m（1km）

○東北地方なら
1×1200000＝1200000cm
　　　　　　＝12000m（12km）

○日本周辺なら
1×22600000＝22600000cm
　　　　　　＝226000m（226km）

同じ1cmでも全然違うね。

→好きな2地点を決めて調べて計算しよう

4　地図で1cmの場所の本当の長さは？

東京中心は1kmだね

日本周辺だと226kmだね

同じ1cmでも縮尺で本当の長さが全然違うね

　地図で1cmの長さの実際の長さを，縮尺別に計算で求めさせる。東京中心と日本周辺では，同じ1cmでも実際には226倍もの開きがある。縮尺のおもしろさを実感させたい。その後，地図上の好きな2地点を自分で決め，計算で実際の長さを求めていく。

まとめ

　地図と実際の長さの関係から，「縮図」として地図をとらえさせ，縮尺の意味を理解させていく。この活動の中から，大きな場所を小さく表現できる縮図のよさを実感させていくことも大切である。

　さらに，実際の地図をもとにして，縮尺の割合が様々であることを実感させたり，地図から本当の距離を求める活動を体験させたりして，縮尺の差の意味も実感させていく。

本時案

縮図で校舎の高さを調べよう

8,9/9

授業の流れ

1 校舎の高さを測ることはできるかな?

工事現場の人は道具で調べているね

縮図を使えば求められるかな?

人と校舎を使うと三角形ができるね

三角形の左下の角度と人〜校舎の長さがわかればいいね

高さを知りたいから何を調べたらいいかな

　校舎の高さの測定方法を考えさせる。縮図を活用すれば校舎の高さが測定できそうだという思いを引き出す。まず，校舎の建物の絵をかき，測る場所を確認する。次に，校舎の壁を高さとする直角三角形の縮図のイメージをさせる。そして，実際には何を測定すれば縮図ができるのか検討させ，直角三角形の底辺と1つの角度の測定が必要であることを確認する。

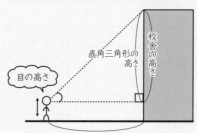

校舎の高さを測ることはできるかな?

屋上から巻き尺をたらす。

工事現場の人みたいにグラウンドから調べる。

縮図をかければ分かる。

→縮図を使って高さが分かるかな?

直角三角形の高さ

校舎の高さ

目の高さ

知りたい場所：校舎の高さ
調べること：三角形の左の角度
　　　　　　　人〜校舎の長さ

2 校舎の角度はどうやって求めるの?

　縮図を使うことが分かっても，「どうやって角度を測ればいいの」という疑問の声があがる。工事現場の測量機械を想起する子もいるであろう。角度の簡易測定器は教師から提示する。簡単に測定の仕方を説明する。校舎の測定方法の縮図をもとに，「目の高さも足さないと，正しい高さが求められないね」という気づきを引き出していくことが大切である。

3 縮図の底辺は何cmが分かりやすいかな?

　測定の仕方が共通理解できたところで，実際に測ったものの縮図となる直角三角形のサイズを意識させる。特に，底辺の長さを問うことで，実測値との換算，つまり縮尺の計算が楽な長さを意識させる。子どもたちは，ノートのサイズも考えて「10cmくらいがいい」と考える。「もし（実測）30mなら」の例示が生まれたら，高さを x として計算の仕方を考えていく。いよいよ測定に入る。

・校舎の高さの求め方を考える活動を通して，縮図を活用した縮尺の意味を理解することができる。
・実際の測定活動をもとに，ノートに縮図を作図し計算で校舎の高さを求めることができる。

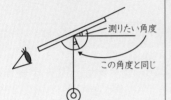

校舎の角度はどうやって調べるの。

工事の人がのぞいている機械がほしい。

測りたい角度

この角度と同じ

・分度器　　・割りばし
・たこ糸　　・5円玉
→測りたい角度は，たこ糸と分度器の 90° の間
→地面〜目の高さを足さないと正しい高さが求められない

縮図の底辺は何 cm がわかりやすいかな?

何 cm でもいいよ。

計算しやすい数値がいいよ。

〈縮図〉

xcm

10cm にすると便利

→もし底辺が 30m なら?
　30m＝3000cm
　3000÷10＝300（倍）
縮図の高さ：x cm なら
→ x ×300＋(目の高さ) で
校舎の高さが分かる

校舎の高さを計算しよう

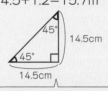

30°

5.8cm

10cm
25m　×250

底辺：25m＝2500cm
　2500÷10＝250（倍）
縮図の高さ：5.8cm
　5.8×250＝1450cm
　　　　　＝14.5m
目の高さをたす
　14.5＋1.2＝15.7m

45°

14.5cm

45°

14.5cm

45° なら計算しなくても高さがわかる。

---

4 校舎の高さを計算しよう

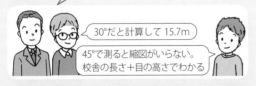

30°だと計算して 15.7m

45°で測ると縮図がいらない。
校舎の長さ＋目の高さでわかる

　第 9 時には，校庭に出て実測する。実測後は縮図を使って計算をする。あるグループは，「縮図を作らなくても高さがわかる」という。実は，45° になる角度の場所を見つけ，そこから校舎までの長さに目の高さをたせば校舎の高さが分かる。直角二等辺三角形の特徴を活用したのである。

まとめ

　なかなか実測することができない校舎の高さの測定に「縮図」の考え方を活用させる。このとき，直角三角形をもとにすれば縮図をかけることに気づかせることが大切である。さらに，縮図をかく際の底辺部分の長さをノートの大きさをもとに考えさせることも大切である。
　校庭で実測する活動を行い，縮図のよさを実感させていきたい。

8 円の面積　(8時間扱い)

単元の目標

・既習の図形に置き換えることで，円の面積の求め方を考えることができる。また，様々な円の面積を求めることができる。

評価規準

知識・技能	①円の面積や身近な図形の面積を，既習の図形にして考えるとよいことを理解し，面積の大きさについての豊かな感覚をもつことができる。 ②円の面積や身の回りにある図形のおよその面積を，方眼を数えたり，既習の図形にしたりして求めることができる。
思考・判断・表現	③円の面積や身の回りにある図形のおよその面積の求め方を，既習の図形をもとにして考える力を養う。
主体的に学習に取り組む態度	④円の面積や身の回りにある図形のおよその面積を，方眼を数えたり，既習の図形にしたりして，工夫して求めようとする態度を養う。

指導計画　全8時間

次	時	主な学習活動
第1次 「円のおよその面積の求め方の理解」	1	辺の長さ32cmで面積最大の正多角形形を考える活動を通し，円が最大になりそうなことに気づくことができる。
	2	正多角形の面積の求め方をもとに，円の面積の求め方を考えることができる。
第2次 「円の面積を求める公式の理解」	3	円を分割，変形していく活動を通して，円の面積の公式と図を関連付けて考えることができる。
	4	円の面積の公式を活用して，半円・扇形などの様々な面積や半径と面積の関係を考えることができる。
第3次 「円の求積公式の活用」	5	円の面積の公式を活用して様々な問題を解決する活動を通して，式変形するよさを味わうことができる。
	6	円の面積の公式を活用して，円と正方形などが組み合わされた図形の面積を求めることができる。
	7	円の面積の公式を活用して，円と扇型を組み合わせた形の面積の求め方を理解することができる。
	8	形の概形をとらえて，面積を概測する方法を理解するとともに，地図を使いいろいろな形の面積を求めることができる。

単元の基礎・基本と見方・考え方

(1)円の面積を求めたくなる気持ちと帰納的な見方を引き出す

　円の面積を求めようと投げかけても，子どもがその必要感を見いだすことは難しい。そこで，第1時の「面積が大きい図形は？」では，辺の長さが32㎝の正多角形の最大の面積の形を考えさせる。正三角形と正方形では，正方形の面積が大きくな

る。正方形と正五角形では，正五角形の面積が大きくなる。これらの事実から，角の数が増えるほど面積も大きくなるのではないかという帰納的な見方・考え方を引き出すことが大切である。

　これらの見方を価値づけることで，子どもたちは「だったら正十二角形はもっと大きくなる」「それなら円が一番大きくなるかな」と，今度は考えを類推的に広げていく。このように円の面積を求めたくなる気持ちを引き出していくこと大切である。

(2)既習の面積から円の面積の公式へと類推的に考える見方を引き出す

　正多角形の面積の最大値を考える学習から，円の面積も正多角形と同様の求め方ができるのではないかと類推的に見方を広げることが大切である。その際には，二等辺三角形の底辺の長さが短くなればなるほど，円に近づいていくという図形の見方を引

き出すことが大切である。このように考えると，三角形の面積を正しく求められることが，この場面で重要な基礎基本だといえる。

　円の面積の公式を作り出す場面では，正多角形の面積の求め方を言葉の式に置き換えることで公式化へとつなげることが大切である。【二等辺三角形の面積×その個数】で正多角形の面積を，言葉の式に置き換えられる。円の面積も同様に求められる。その中の二等辺三角形の面積の公式部分の言葉を半径の用語に置き換えることで，円の面積の公式を導き出すことができる。このように，既習の公式を広げて考える見方を引き出すことが大切である。

(3)式と図を関連付ける見方やその意味を読解する力を培う

　第3次では，円を活用した様々な図形の面積を求める学習を展開する。これらの学習で大切なことは，正しい答えを求めることだけではない。例えば，右の図形であれば「① 5×5×3.14=78.5　②10×10−78.5=21.5」という式だけを提示

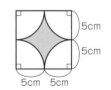

する。この式の意味をクラス全体で読解する力を培うことが大切である。そのためには，「①の式の意味は分かるかな」と式を分解して考えさせることが必要である。さらに，「②の式の10×10はどこに見えますか」と式をさらに分解して子どもたちに考えさせることも大切である。

　式を発表した後，その式を考えた子どもが一方的にその式の説明をすることがある。しかし，この展開では，聞いている子どもには式の意味は十分には伝わらない。式の意味を読解し，それが図のどこの部分に当たるのかを全員が考える場面を設定することが大切である。これが，式と図を関連付ける見方・考え方を培うことにつながる。第3次には，このような問題がたくさん掲載されている。是非，式や図の読解場面を多く取り入れていただきたい。

1 対称な図形

2 文字と式

3 分数と整数のかけ算・わり算

4 分数と分数のかけ算

5 分数と分数のわり算

6 比とその利用

7 拡大図・縮図

8 円の面積

9 立体の体積

本時案

面積が大きい
図形は？

本時の目標

・周りの辺の長さの合計が32cm の正多角形で面積が最大になる図形を考える活動を通して，円の面積が最大になりそうなことに気づくことができる。

授業の流れ

1 正三角形と正方形
どちらが大きい

辺の長さが32cm の正三角形と正方形の面積を比較させる。辺の長さが等しいため，面積は等しいと考える子どももいるであろう。見た目でも，微妙な差である。

正三角形の高さを知らせ，それぞれの面積を求めさせる。

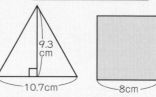

周りの辺の長さが 32cm の正三角形と正方形、面積が大きいのはどちら？

同じ長さだから同じ。

9.3
cm

10.7cm

8cm

○正方形は簡単
$32 ÷ 4 = 8$
$8 × 8 = 64$　　$64cm^2$
○正三角形の高さは？　→約 9.3cm
$10.7 × 9.3 ÷ 2 = 49.755$

$49.755cm^2$

正方形が大きい。

2 正方形と正五角形，
大きいのは？

正方形と正五角形の面積を比較させる。正三角形と正方形では，正方形の面積が大きかった結果から，「角が増えるほど面積も大きくなる」と考える見方が生まれるであろう。既習の結果をもとに次の場面を予想する見方は，算数では大切な考え方である。この考え方を価値付けていく。

3 角が増えるほど大きくなる？

3つの図形の面積から，角が増えるほど面積も大きくなると帰納的に考える子どもが多くなる。その見方の表出を価値づける。一方，まだデータ数が少ないため先の見方を確定できないと考える子どももいる。このような見方も，算数で大切な視点なので価値づけていきたい。実際の計算を行うには，正八角形の内部の二等辺三角形の高さが必要になる。この長さは教師から提示する。面積は約76.8cm²。この結果から次の見方を引き出していく。

1	対称な図形
2	文字と式
3	分数と整数のかけ算・わり算
4	分数と分数のかけ算
5	分数と分数のわり算
6	比とその利用
7	拡大図・縮図
8	円の面積
9	立体の体積

本時の評価

・周りの辺の長さが32cmの複数の正多角形の面積を求める活動を通して，角が増えるほど面積も大きくなることに気付くことができる。

・正十六角形と円を比較することで，「円の面積の方が大きくなる」「角がないから円は違う」などの自分なりの見方をもち，円の面積を求めようとする気持ちをもつことができる。

32cmの正方形と正五角形、面積が大きいのは？

角が増えると面積も増える。

4.4cm
6.4cm

○正五角形の面積
→三角形が5つ
→三角形の高さ約4.4cm
6.4×4.4÷2＝14.08
14.08×5＝70.4
　　　　　　70.4cm²

やっぱり大きい。

角が増えるほど面積は大きくなる？

○正八角形なら

きっと大きくなる。

三角形8個。

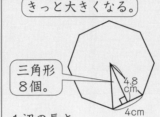

4.8cm
4cm

1辺の長さ
32÷8＝4　4cm
二等辺三角形の高さ
　　　：約4.8cm
4×4.8÷2×8＝76.8
　　　　　　76.8cm²

やっぱり大きい。

正十六角形が最大？

円に近い。

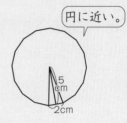

5cm
2cm

1辺の長さ
32÷16＝2　2cm
三角形の高さ：約5cm
2×5÷2×16＝80
　　　　　　80cm²

だったら円が最大？

でも円には角がない。

4　正十六角形が最大の面積？

正十六角形が最大面積。だったら円はもっと大きい

でも円には角がないから…

それに，円の面積はどうやって求めるの？

正十六角形は円に近い。この面積が最大になることから，円はもっと大きくなると子どもは考える。円の求積の必要感が生まれてくる。

まとめ

周りの辺の長さが32cmの正多角形の面積を考えさせる中から，角が増えるほど面積も増えるきまりを発見させていく。1辺が整数値になる正多角形でそのきまりの一般化を図る。

正十六角形が最大になる。この場面で「円はもっと大きくなる」という考えが生まれてくる。円と正十六角形を比較することで円の面積を求めたくなる。この気持ちを引き出し，次時につなげることが大切である。

円の面積の求め方を考えよう

授業の流れ

1 円の面積はどうやって求めればいいのかな？

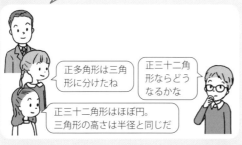

前時の子どもからのアイディアで授業をスタートする。円に近づくほど面積が大きくなることは類推できるが，円の求積方法自体は分からない。しかし，三角形に分割して求めた経験から，その方法が使えるのではないかという解決方法の見方を引き出していく。

円の面積はどうやって求めればいいのかな？

正多角形は三角形に分けた。

角をもっと増やせばできそう。

○正三十二角形だったら
　1辺の長さ
　　32÷32＝1　1cm
三角形の高さ：約5.1cm
1×5.1÷2×32＝81.6　81.6cm²

正三十二角形はほぼ円だ。

三角形の高さ＝半径。

---

2 角が増えたら円に近づくけど

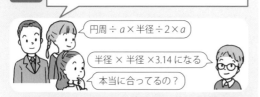

円周÷a×半径÷2×a

半径 × 半径 ×3.14になる

本当に合ってるの？

正三十二角形の求積結果から，もっと角を増やせば円の面積に近づくことに気づく。しかし，もっと角を増やすと計算が面倒になりそうだという声が生まれてくる。そこで，正三十二角形の式を言葉の式に直そうと投げかける。

3 半径 × 半径 ×3.14なら？

正三十二角形の求積の式変形から，円の面積の公式を導き出した。しかし，ここで取り扱った数値は，正三十二角形の場合のものである。

そこで，実際の円の半径のデータをもとに計算を行ってみる。そこから求められた面積は，正三十二角形よりも大きくなる。前時の子どもの予想通り正多角形よりも大きいのは円であることが見えてくる。

1	対称な図形
2	文字と式
3	分数と整数のかけ算・わり算
4	分数と分数のかけ算
5	分数と分数のわり算
6	比とその利用
7	拡大図・縮図
8	円の面積
9	立体の体積

本時の評価

・前時までに学習した正多角形の面積の求め方をもとに，円を細かな三角形に分割することで求積できそうだという見方・考え方に気付くことができる。

・正多角形の求積の式を変形していくことで，円の面積の公式を導き出すことができる。

角がもっと増えたら
円に近づくけど

計算が面倒だ。

○言葉の式に直してみよう

　　1×5.1÷2×32

*a*角形だとしたら

円周÷*a*×半径÷2×*a*

＝直径×3.14÷*a*
　　×半径÷2×*a*

＝直径×3.14×半径÷2

＝直径÷2×3.14×半径

＝半径×半径×3.14

本当にあってるの？

半径×半径×3.14なら？

約5.1cm

円の面積を計算しよう

→半径は約5.1cm

5.1×5.1×3.14＝81.6714

　　　　　約81.7cm²

正三十二角形より大きい。

やっぱり円が最大だ。

他の大きさの円はどうかな？

○半径10cmの円

円周は
62.8cm。

10×10×3.14＝314

　　　314cm²

○辺が62.8cmの
　正三十二角形なら

→三角形の高さ10cm

62.8÷32＝1.96

1.96×10÷2×32＝313.6

　　　　　約313.6cm²

半径×半径×3.14は
どんな意味。

---

4 他の大きさの円はどうかな？

半径10㎝なら314cm²

他の大きさの円も半径×半径×3.14でいいのかな

公式はどんな意味？

同じ長さの正三十二角形は313.6cm²。公式は正しそう

　半径10cmの円と周りの長さが等しい正三十二角形の面積を比較させ，公式の妥当性に気づかせる。

まとめ

　円の面積が最大になりそうだという予想から，円の面積の求め方を考えさせる。

　子どもたちは正多角形を三角形に分割した求積方法を円に当てはめて考える。この見方・考え方を価値づけることが大切である。限りなく小さな三角形に分割すれば，円の面積も近似値として求められる。

　公式化の後，「なんでこんな式なの」という声を拾い，次時につなげていく。

本時案

図から円の公式を
見つけよう

3/8

本時の目標

・円を分割，変形していく活動を通して，円の
面積の公式と図を関連付けて考えることがで
きる。

授業の流れ

1 円の面積の公式は
どこに見える？

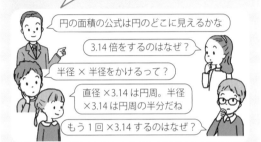

円の面積の公式は円のどこに見えるかな

3.14 倍をするのはなぜ？

半径 × 半径をかけるって？

直径 ×3.14 は円周。半径
×3.14 は円周の半分だね

もう 1 回 ×3.14 するのはなぜ？

　式変形で見えてきた半径 × 半径 ×3.14は，
この式のままでは図とつなげて考えることは難
しい。円の面積の公式と式を見比べて生まれて
くる子どもの素直な声から，式を分解していく
見方を引き出していきたい。

円の面積の公式はどこに見える？

公式：半径 × 半径 ×3.14

半径と半径をかけるって？

3.14 倍するのはなぜ？

直径 ×3.14 なら円周
→半径 ×3.14 は円周の半分

もう 1 回半径
かけるのは？

2 正多角形のように円を
分けて考えよう

並べ替えると平行四辺形になる

底辺は円周の半分だから
半径 ×3.14 だね

高さが半径だ。もう 1 回
半径をかける意味だね

　正多角形の面積は三角形に分割した。そこで
円も分割して提示する。扇形を並べ替えること
で，円の公式を発見させる。平行四辺形が凸凹
であることにも気付かせる。

3 他の形にも変形できるかな？

底辺は円周の $\frac{1}{4}$

高さは半径の 4 倍，
底辺は円周の $\frac{1}{4}$

式を変形するとこれも
半径 × 半径 ×3.14

　平行四辺形に変形することで，円の面積の公
式が図の中に見えてきた。他の変形の仕方はな
いかを問いかける。子どもから別の図形のアイ
ディアが生まれない場合は，教師が三角形に変
形した図を提示する。

本時の評価

・円を16等分した図形を変形してできた平行四辺形や三角形の中に，半径×3.14や×半径に当たる部分がどこの部分になるのかを見いだすことができる。

・円をより細かく等分していくことで，正多角形の面積から導き出した円の面積の公式が一般化できることに気付くことができる。

1 対称な図形

2 文字と式

3 分数と整数のかけ算・わり算

4 分数と分数のかけ算

5 分数と分数のわり算

6 比とその利用

7 拡大図・縮図

8 円の面積

9 立体の体積

正多角形のように円を分けて考えよう

○正多角形は三角形に分けた
→円も分けたら？

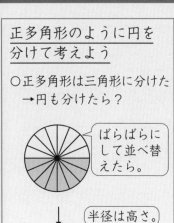

ばらばらにして並べ替えたら。

↓

半径は高さ。

やや凸凹。

円周÷2

半径

○平行四辺形
→底辺は円周÷2

他の形にも変形できるかな？

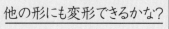
三角形にも変形できるね。

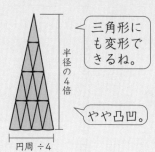
半径の4倍

やや凸凹。

円周÷4

円周 $÷\cancel{4}×$ 半径 $×\cancel{4}÷2$

＝直径×3.14×半径÷2

＝半径 $×\cancel{2}×3.14×$

半径 $÷\cancel{2}$

＝半径×半径×3.14

三角形でも同じ公式だ。

もっと小さく分けたら

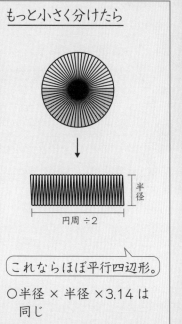

↓

半径

円周÷2

これならほぼ平行四辺形。

○半径×半径×3.14は同じ

---

4 もっと小さく分けたらどうかな？

64等分を平行四辺形に並べ替えよう

凸凹のない形だね

これなら半径×半径×3.14で間違いないね

　円を16分割した図形を変形した際に，凸凹がある形に違和感をもつ子どもがいる。そこで，円を64分割した図を提示する。平行四辺形に並べ替えると，ほぼ凸凹はなくなる。

まとめ

　前時の式変形から導き出した円の面積の公式を図と結びつかせる。

　正多角形の面積を三角形に分割して求めた経験から，円も同様に分割する。分割されてできた扇形を，平行四辺形や三角形に並べ替え，円の面積の公式と結び付けていく。円を64分割した図形の変形は，デジタル教材を使うと簡便にできる。

本時案

円の公式で面積を求めよう

本時の目標

・円の面積の公式を活用して様々な問題を解決することができる。

授業の流れ

1 円の面積を求めよう

②は中心の角が 180°だね

だから円の半分だね

円の面積を求めてから, 2でわればいいね

角度が何度かが大切だね

前時までに見つけ出した円の面積の公式を使って, 様々な円の問題を解決する。

円を分割した扇形の面積は, 中心角に目を付けることが大切になる。360°を基準にして中心角が何分の一に当たるかは割合の見方ともつながる。

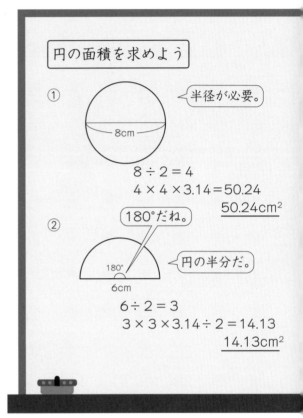

円の面積を求めよう

① 半径が必要。

8cm

$8 \div 2 = 4$
$4 \times 4 \times 3.14 = 50.24$
$\underline{50.24cm^2}$

② 180°だね。

180°
6cm

円の半分だ。

$6 \div 2 = 3$
$3 \times 3 \times 3.14 \div 2 = 14.13$
$\underline{14.13cm^2}$

2 他の扇形の面積も分かるかな?

④の角は 120°だ

円の $\frac{1}{3}$ だね

角度が分かれば計算できるね

中心角に目を付けた子どもたちに, 別の扇形を提示する。③は見た目で中心角が直角であることが分かる。一方, ④は見た目では角度が判断できない。分度器で測定させ, 実際の角度を求めさせ計算させる。

3 円周の長さから面積を求めよう

円周だけだと計算できない

直径の計算の逆算をすればいいよ

□×3.14=62.8 を 62.8÷3.14 にするんだね

円周の長さだけを提示する。半径・直径を求めるには, 円周の長さの公式の逆算を行う。この結果から面積を求める。

本時の評価

・円の面積の公式を活用して，円だけではなく扇形や円周の長さだけがわかっている円の面積を求めることができる。
・半径が2倍の関係の円の面積を求める活動を通して，面積が4倍になる理由が2倍になった半径を2乗することにあることを円の面積の公式から導き出すことができる。

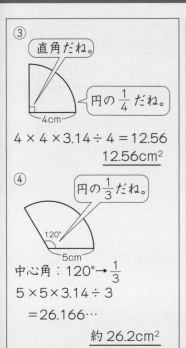

③

直角だね。

円の $\frac{1}{4}$ だね。

4cm

$4 \times 4 \times 3.14 \div 4 = 12.56$
12.56cm^2

④

円の $\frac{1}{3}$ だね。

120°

5cm

中心角：120° → $\frac{1}{3}$

$5 \times 5 \times 3.14 \div 3$
$= 26.166\cdots$
約 26.2cm^2

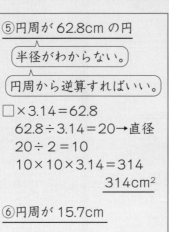

⑤円周が62.8cmの円

半径がわからない。

円周から逆算すればいい。

$\square \times 3.14 = 62.8$
$62.8 \div 3.14 = 20 \rightarrow$ 直径
$20 \div 2 = 10$
$10 \times 10 \times 3.14 = 314$
314cm^2

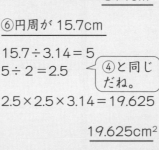

⑥円周が15.7cm

$15.7 \div 3.14 = 5$
$5 \div 2 = 2.5$

④と同じだね。

$2.5 \times 2.5 \times 3.14 = 19.625$
19.625cm^2

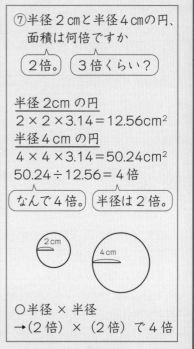

⑦半径2cmと半径4cmの円，面積は何倍ですか

2倍。　3倍くらい？

半径2cmの円
$2 \times 2 \times 3.14 = 12.56 \text{cm}^2$
半径4cmの円
$4 \times 4 \times 3.14 = 50.24 \text{cm}^2$
$50.24 \div 12.56 = 4$ 倍

なんで4倍。　半径は2倍。

2cm

4cm

○半径 × 半径
→（2倍）×（2倍）で4倍

---

4 半径2cmと4cmの面積は何倍？

　半径が2倍された円の面積の関係を考えさせる。半径が2倍だから面積も2倍と考えるであろう。実際は4倍になる。子どもの予想とのズレである。このズレの要因を，面積の公式の中の「半径 × 半径」の部分に見いだせるように導いていく。言語化した公式が演繹的に理由を考える際にも有効に使えることを学ばせることも大切である。

まとめ

　円の面積の公式を活用して，様々なタイプの問題に取り組む。扇形の面積では中心角に視点を当てることがポイントである。円周の長さだけが分かる場合は，円周の公式と関連付けることがポイントである。半径が2倍の円の面積比較では，単に面積を求めるのではなく，4倍の関係になる要因を探ることがポイントである。その要因が面積の公式にあることを気付かせていく。

1 対称な図形
2 文字と式
3 分数と整数のかけ算・わり算
4 分数と分数のかけ算
5 分数と分数のわり算
6 比とその利用
7 拡大図・縮図
8 円の面積
9 立体の体積

本時案

式変形から面積を楽しもう

5/8

本時の目標

・円の面積の公式を活用して様々な問題を解決する活動を通して，式変形するよさを味わうことができる。

授業の流れ

1 どのケーキの面積が一番大きい?

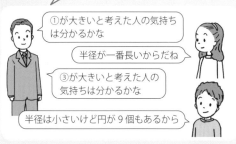

①が大きいと考えた人の気持ちは分かるかな

半径が一番長いからだね

③が大きいと考えた人の気持ちは分かるかな

半径は小さいけど円が9個もあるから

同じ正方形の箱に入ったケーキの図を提示し，一番大きい面積の図を考えさせる。直感で判断させると，①と③に分かれるであろう。計算をさせずに，それぞれの考えの根拠を全員で予想していく。

どのケーキの面積が一番大きいですか?

① 　② 　③

①が大きく見える。

円がびっしりつまっているから大きい。

①が最大
①は半径が一番大きい

③が最大
③は小さい半径の円が9個もある

2 計算で面積を求めよう

①は 2826cm²

②も 2826cm² で同じ

だったら③も同じかもしれないね

計算で面積を求める。予想段階ですぐに計算できないように箱の1辺の長さを提示していない。辺が60cmを示し，①②と計算する。面積が等しい結果から，③も等しくなるのではという見方を引き出していきたい。

3 ③も同じ面積かな?

①②の結果から③の面積を求める。予想通り等しい面積になる。すると，なぜ面積が等しくなるのかを知りたくなる。図を見ただけではその理由は見えない。そこで，①②の式を比較する。②は小さい円を4倍する。この4倍を2×2と見ることで，式変形で②が①と同じ式になる。この見方を③にも適用し，①～③が同じ式になるおもしろさに気付かせていく。

式変形から面積を楽しもう

148

1
対称な図形

2
文字と式

3
分数と整数の
かけ算・わり算

4
分数と分数の
かけ算

5
分数と分数の
わり算

6
比とその利用

7
拡大図・縮図

8
円の面積

9
立体の体積

本時の評価

- 同じ箱の中の大きさの異なる円の面積を比較する活動を通して，面積が等しくなる理由が全ての求積の式が同じ式に変形できることに気付くことができる。
- 式変形で面積が等しくなることの気付きをもとに，他の円の場合も面積が等しくなることを類推することができる。

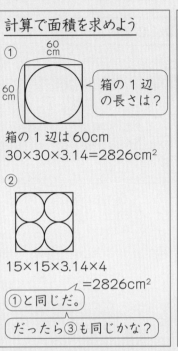

計算で面積を求めよう

① 60cm 60cm

箱の1辺
の長さは？

箱の1辺は60cm
30×30×3.14＝2826cm²

②

15×15×3.14×4
＝2826cm²

①と同じだ。

だったら③も同じかな？

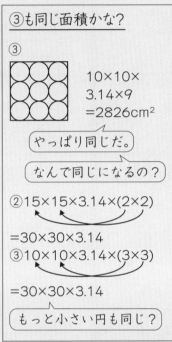

③も同じ面積かな？

③

10×10×
3.14×9
＝2826cm²

やっぱり同じだ。

なんで同じになるの？

②15×15×3.14×(2×2)

＝30×30×3.14

③10×10×3.14×(3×3)

＝30×30×3.14

もっと小さい円も同じ？

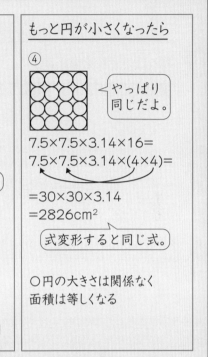

もっと円が小さくなったら

④

やっぱり
同じだよ。

7.5×7.5×3.14×16＝
7.5×7.5×3.14×(4×4)＝

＝30×30×3.14
＝2826cm²

式変形すると同じ式。

○円の大きさは関係なく
面積は等しくなる

4 もっと円が小さくなったら

④の式変形
で面積がわ
かるね

円が16個だから
4×4なら式変
形できる

①と同じ式
になった

計算しなく
てもいいね

　箱の中の円をさらに小さくした場合（内部の円が16個）を考えさせる。①〜③の式変形の結果から，④の円も式変形で面積を求められる。このおもしろさを味わわせる。

まとめ

　同じ正方形の箱に入った円の面積を比較させる。予想と異なり，すべて面積が等しくなることがこの教材のおもしろさである。

　ここから「なぜ等しくなるのか」の疑問が生まれる。これを3つの式を比較させ，式変形し全て①と同じ式になることに気付かせる。式変形で納得ができれば，④も同様に考えられる。計算しなくても，式変形で面積がわかる。このおもしろさにも気付かせる。

こんな面積も求められるかな？

授業の流れ

1 葉っぱの面積を求めよう

円が見えないから求められないね

対角線を1本引くと三角が見える

$\frac{1}{4}$の扇形と三角が見える

扇形から三角を引けば葉っぱ半分だ

半分の葉っぱを2倍すればいいんだ

私は別のやり方で求めました

　色が塗られた葉っぱの図を提示する。見た目
では，円の存在が自覚できない。そのため求め
方がすぐには分からない子もいる。そこで，式
ではなく図をもとにヒントを引き出しながら，
求め方を考えていく。

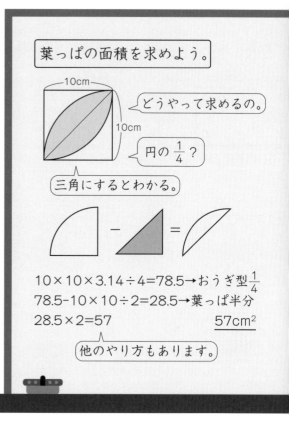

葉っぱの面積を求めよう。

どうやって求めるの。

円の $\frac{1}{4}$ ？

三角にするとわかる。

$10 \times 10 \times 3.14 \div 4 = 78.5 \rightarrow$ おうぎ型 $\frac{1}{4}$
$78.5 - 10 \times 10 \div 2 = 28.5 \rightarrow$ 葉っぱ半分
$28.5 \times 2 = 57$ 　　　　　　$\underline{57cm^2}$

他のやり方もあります。

2 友だちの式を読解しよう

アの式は図の白い①の面積だ

正方形から①②をひけばいいからウの式だ

白が2つ分あるからイの式が2倍だ

　葉っぱの面積の求め方は複数ある。そこで，
式だけを提示しその式の意味を読解させる。一
度にすべての式の読解は難易度が高い。そこ
で，式を順に提示し1つずつ図と関連させな
がら読解を進める。

3 この式は分かるかな？

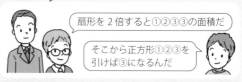

扇形を2倍すると①②③③の面積だ

そこから正方形①②③を引けば③になるんだ

　$\frac{1}{4}$の扇形の面積を2倍して，正方形の面積
を引く式を提示する。子どもにとって，扇形の
面積を2倍する意味が理解しがたい。図と関
連づけることで，葉っぱ③の面積にだぶりが生
まれることに気づかせる。板書のように図に①
〜③などの記号を入れると説明がしやすくなる。

・葉っぱの面積の求め方を考える活動を通して，図形を扇形や三角形などに分割することで求積できることに気づき，実際に計算で面積を求めることができたか。
・友だちの式を読解し，どのように考えて式が生まれてきたのかを図と関連づけながら理解することができたか。

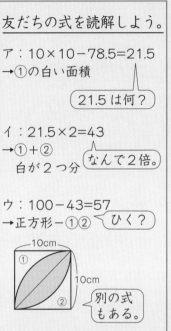

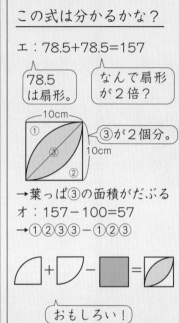

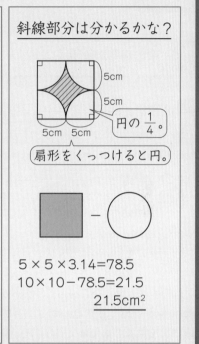

4 斜線部分は分かるかな？

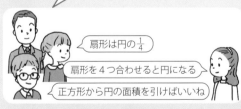

正方形の斜線部分の面積を求めさせる。扇形の中心角は90°であるから円の $\frac{1}{4}$ である。扇形をすべて合わせると円になることが分かれば，正方形－円でも求められる。この気づきを引きだしたい。

まとめ

そのままでは求められそうもない図形も，扇形や三角形に分割していくことで面積を求めることができる。どのように分割すればどの部分の面積を求めることができるのかのアイディアをクラス全体で共有することが大切である。

また，式の読解場面を取り入れる。一方的に解き方を聞くのではなく，式をヒントに解き方を考えていくことは，全員を主体的に参加させる上でも大切である。

本時案

円の面積の公式を
活用しよう

7/8

本時の目標

・円の面積の公式を活用して，円と扇型を組み合わせた形の面積の求め方を理解することができる。

授業の流れ

1 次の図形の面積を求めよう

面積を求めるヒントはないかな

複雑でよくわからないよ

大きな扇形に直線を1本引く

三角形が見えるね

三角からどうするの？

半円の中に小さな半円が2つ入った図形の色が塗られた部分の面積を求めさせる。小さな半円が重なっているため，すぐに求め方は見えてこない。そこで，ヒントとして大きな扇形に1本直線を引くことを提示する。直線があることで，それまで見えなかったことが見えてくる。

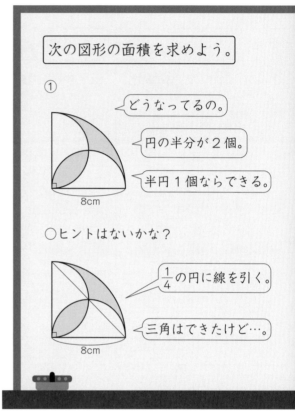

次の図形の面積を求めよう。

①

どうなってるの。

円の半分が2個。

半円1個ならできる。

8cm

○ヒントはないかな？

$\frac{1}{4}$の円に線を引く。

三角はできたけど…。

8cm

2 三角からどうするの？

線の上と下に同じ形がある

$\frac{1}{4}$の扇形から三角形を引けばいいね

①＝②，③＝④だ入れ替えると三角だ

大きな扇形に補助線を入れても，その後の求め方が見えない子どももいる。そこで，少しずつヒントを言わせながら解き方を共有していく。

3 この形の面積は求められるかな？

半円が3個と三角形があるね

三角形と上2つの半円をたす

真ん中の半円がじゃまだね

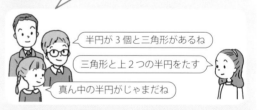

この図形も求め方をすぐに発表させずに，ヒントを言わせながらクラス全体で求め方を共有するように展開する。この問題は，図形を4つのパーツに分解する見方ができることがポイントとなる。

本時の評価

・円と扇形を組み合わせた図形について，補助線を引いたり，重なる面積を引いたり，扇形の中心角から面積を求めたりすることができる。

・複雑な図形の面積も，補助線を引き図形を分解して見たり，角度に注目して見たりすることで，計算でも簡便に面積を求められることに気づくことができる。

1 対称な図形

2 文字と式

3 分数と整数のかけ算・わり算

4 分数と分数のかけ算

5 分数と分数のわり算

6 比とその利用

7 拡大図・縮図

8 円の面積

9 立体の体積

三角からどうするの？

同じ面積がある。

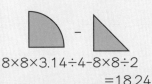

①と②は同じ面積
③と④は同じ面積

8×8×3.14÷4-8×8÷2
=18.24
18.24cm²

この形は求められるかな？

②

半円3個。

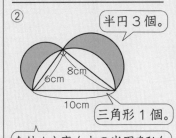

三角形1個。

全体から真ん中の半円をひく。

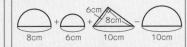

4×4×3.14÷2+3×3×3.14÷2+6×8÷2-5×5×3.14÷2=24

24cm²

扇形がたくさんある形？

③

扇形が3個。

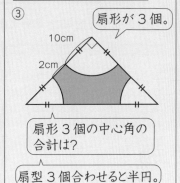

扇形3個の中心角の合計は？

扇型3個合わせると半円。

22cm ─ 20cm

(10×2+2)×(10×2+2)÷2-10×10×3.14÷2=85

85cm²

4 扇形がたくさんある形もできる

左右の扇形の角度は何度？

扇形は3つとも三角形の角と重なっているよ

だから扇形3個の角度も180°。円の$\frac{1}{2}$。

三角形から扇形の面積を引くことは見えてくる。扇形が円の何分の1かが分からないと解けない。中心角と三角形の内角に目を付けると，扇形と円の関係が見えてくる。中心角への着目をゆっくりと共有していく。

まとめ

　円と扇形が組み合わされた図の面積を求める。そのままではすぐに面積は求められない。補助線を引く，重なった部分の面積を引く，同じ面積の形（部分）を見つける，形を入れ替える，扇形の中心角を考えるなどの視点が，求積の際に必要になる。これらの視点への気づきを価値づけていく。

　視点から生まれたヒントをクラス全体で共有していく展開も大切である。

第7時
153

本時案

およその面積を求めよう

授業の流れ

1 大仙古墳の面積を求めよう

下の長方形と上の丸を分けたらできる

長方形なら簡単だけど

だいたいの面積ならできる

ます目を数えればいいね

でも丸い場所はどうするの？

凸凹や曲線のある面積の求め方を考えさせる。世界遺産大仙古墳は，下部はほぼ長方形であるが，上部は凸凹状に丸くなっている。正確な面積は求められないが，概測なら求積できる方法に気付かせていきたい。

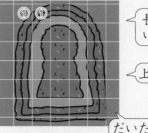

世界遺産の面積を求めよう。

①大仙古墳

長方形ならいいのに。

上が丸い形。

だいたいならわかる。

○ます目の1辺は20m
→1ます　20×20＝400m²
→ますの数を調べる
→丸い場所は？
→凸凹をくっつけよう①①で400m²

2 凸凹はくっつけよう

　1ますに満たない中途半端な面積は2つで1ますと考えることで，概測での面積が求められる。しかし，ますを数えるのは面倒な作業である。この声を引き出すことで，ますを使わずに，古墳を長方形と台形を合わせた図形と考える見方を引き出していく。ますを数える方法と比較することで，この方法の簡便さを実感させていきたい。

3 屋久島の面積を求めよう

屋久島の面積は求められるかな

ますは面倒。ほぼ円だから計算できる

正方形を斜めにした形にも見えるね

　屋久島の地図を提示する。大仙古墳の求め方をもとに，どんな図形に見えるか考えさせる。屋久島は円と正方形の両方に見える。

1 対称な図形

2 文字と式

3 分数と整数のかけ算・わり算

4 分数と分数のかけ算

5 分数と分数のわり算

6 比とその利用

7 拡大図・縮図

8 円の面積

9 立体の体積

本時の評価

・世界遺産の面積を，ます目を使ったり既習の図形とみなすことで計算でも求められることを理解することができたか。また図形の面積の公式の使いよさを実感することができたか。
・地図を活用し，自分で選択した世界遺産の面積を進んで求めようとすることができたか。

○凸凹はくっつけよう。

ますを数えるのは面倒。

ア〜イ：
400×4
＝1600

残り 400×22＝8800
8800＋1600＝10400m²

台形＋長方形。

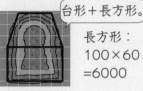

長方形：
100×60
＝6000

台形：(60＋100)÷2×60
＝4800
6000＋4800＝10800m²

②屋久島の面積は？

ほぼ円。

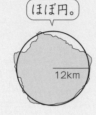

12×12×3.14＝452.16km²

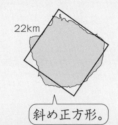

斜め正方形。

22×22＝484km²

他の世界遺産を調べよう。

③母島

斜め長方形。

1×10＝10km²

④五島列島福江島

斜め長方形。

18×20＝360km²

4 他の世界遺産を調べよう

母島を調べました

細長いね。縦長の長方形なら計算できるね

福江島は正方形に近い長方形だから計算できる

　地図帳を使い，世界遺産を子どもに選択させ面積を概測で求めさせる。時間が十分に確保できない場合は，教師が複数の世界遺産の地図を用意し子どもに選択させてもよい。

まとめ

　凸凹のある形の面積の求め方を考えさせる。ます目を使う方法で，中途半端な部分を組み合わせる方法がある。しかし，この方法は時間がかかる。

　この面倒な体験を通すことで，既習の図形とみなして計算できる簡便さを実感させることができる。世界遺産の形に応じて，どのような図形とみなすことがよいのかを考えさせていきたい。

9 立体の体積 （5 時間扱い）

単元の目標

・既習の直方体・立方体の求積方法と関連付けることで，角柱・円柱の体積の求め方や求積公式を見いだすことができる。また，求積公式を用いて様々な柱体の体積を求めることができる。

評価規準

知識・技能	①角柱や円柱の体積は，（底面積）×（高さ）で求められることを理解して，体積を求めることができる。
思考・判断・表現	②直方体の体積の求め方から，角柱や円柱の体積の求積公式を考える力を養う。
主体的に学習に取り組む態度	③身の回りにあるものの体積を調べたり，角柱・円柱の体積の公式を導き出したりしようとする態度を養う。

指導計画 全 5 時間

次	時	主な学習活動
第 1 次「角柱の体積」	1	直方体の体積の求め方と関連づけて，四角柱の体積の求積方法を考え出すことができる。
	2	三角柱の求積方法を見いだすことができる。また，四角柱・三角柱の求積方法から，角柱の体積公式の一般化を図ることができる。
第 2 次「円柱の体積」	3	円柱の体積の求積方法を四角柱の求積方法と関連づけることで見いだすことができる。
第 3 次「いろいろな角柱・円柱」	4	いろいろな柱体の体積の求積を通して，柱体の体積の求積方法を理解し，求積公式を使いこなすことができる。
	5	いろいろな角柱の体積の求積を通して，図形を多面的に見てより簡便な求積の仕方を考えていくことができる。

単元の基礎・基本と見方・考え方

⑴直方体・立方体の体積の求め方と関連付ける

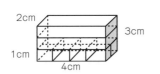

　本単元では，体積の学習の集大成として角柱・円柱の体積の学習を行う。子どもたちは，5年生で直方体と立方体の体積の学習を行っている。その学習では，基準量となる1cm³が1段目に何個並ぶかを先ずは考えた。その数は，直方体では「縦×横」，立方体では「1辺×1辺」の計算で求められた。この個数が高さ分だけ重なっている（高さ倍）と考えることで，直方体では「縦×横×高さ」，立方体では「1辺×1辺×高さ」と計算することで求積ができた。

　第1・2時間目では，周りの辺の長さの合計値が等しい直方体・三角柱（底面が直角三角形）・四角柱（底面がひし形）を扱う。直方体は5年生で学習した体積の公式で求めることができる。一方，三角柱・四角柱は未習である。しかし，ここで取り上げている三角柱の底面は直角三角形である。従って，この三角柱を2つつなげることで直方体ができる。この体積は，三角柱の2倍の体積である。三角柱の体積は，直方体の体積を半分にすれば求められるという，既習の学習を活用していく見方・考え方を引き出すことが大切である。さて，三角柱の体積は直方体の体積の半分である。三角柱の体積の式は「縦×横×高さ÷2」となるが，この式を「縦×横÷2×高さ」と変形すると，三角柱・直方体・立方体に共通することが見えてくる。いずれの柱体も，「底面積×高さ」という言葉で一般化できるという共通点である。複数の立体の体積を求める式を比較する中から，その共通点に気付いていく見方・考え方が大切である。このような見方を引き出すことが，体積の公式を子どもが作り出すことにつながっていく。

⑵底面×高さの見方・考え方を類推していく

　三角柱・直方体・立方体の体積の共通点から見えてきた「底面積×高さ」の言葉の式を，子どもたちは「底面がひし形の四角柱にも使えるのかな」「円柱にも使えるのかな」と類推的に考えていくであろう。このような見方・考え方を引き出すことも大切である。

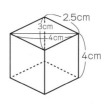

　辺に曲線が含まれる円柱の体積も，「底面積×高さ」で求められる。この時に大切なのは，四角柱の体積と同様に高さが1cmの円柱の体積が基準になっていることを確認することである。その体積が高さ倍になっていることを，円柱の図と関連付けながら理解させていくことが大切である。体積の公式を使って体積を求めることが目的ではなく，公式の意味を図の中に見いだすことが大切である。

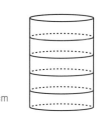

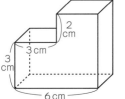

　この見方が十分に理解できれば，第4時で扱う左の複合立体の体積の求め方に工夫ができる。左図の正面のL字型の面を底面と考えるのである。正面のL字型の底面積が高さ倍あると考えることでも体積を求めることができる。図形を一面的に見るのではなく，多面的に見る見方・考え方を引き出すことも大切である。

1 対称な図形

2 文字と式

3 かけ算と整数のかけ算・わり算

4 かけ算と分数の

5 わり算分数と分数の

6 比とその利用

7 拡大図・縮図

8 円の面積

9 立体の体積

本時案

四角柱の体積を
見つめなおす

授業の流れ

1 辺の長さが同じ立体，体積が大きい立体はどれかな？

体積が大きいのはどれかな

辺の長さが全部36cmだから，体積は同じ

辺と体積は関係あるのかな

面積の時は辺の長さと関係はなかったよ。体積はどうかな？

　周りの辺の長さの合計が36cmの直方体・三角柱・四角柱（ひし形）を提示する。ここでは，辺の長さと体積に比例関係があるのだろうかという問いをもつことが大切である。円の面積で似た学習を行っている。面積と体積を関連づけて考えることも大切である。

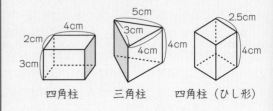

辺の長さが同じ立体，体積が大きいのはどれでしょう。

四角柱　　三角柱　　四角柱（ひし形）

周りの辺の長さ
四角柱：（2+3+4）×4＝36cm
三角柱：（5+3+4）×2+4×3＝36cm
四角柱（ひし形）：（2.5×8）+4×4＝36cm

辺の長さが同じなら体積も等しい。

辺の長さと体積は関係あるかな。

2 3つの体積を求めよう

　　3つの体積を求めることで，どの体積が一番大きいかが分かる。この場面では，どの立体は求積ができて，どの立体は求積ができないのかを子どもたちに自覚させることが大切である。四角柱は直方体と同じ形と捉えることができれば，既習の公式で求められる。一方，三角柱・底面がひし形の四角柱は求積できない。その理由にも触れさせていきたい。

3 四角柱の体積を求めよう

四角柱は直方体の体積の公式が使えるね

なんでたて×横×高さで求められたのかな？

　四角柱の体積を求めるには，直方体の体積の求め方が使えることを確認する。体積の公式を使い求積するが，この公式がなぜ生まれてきたのかを振り返ることが，三角柱などの求積の際に必要な見方となる。

本時の評価

・3つの立体の体積比べをする活動を通して，体積が求められる立体と求められない立体を認識することができたか。また，その理由を考えることができる。

・直方体の体積の公式が導き出された過程で，1cm³の立方体を基準として底面の1cmの高さ部分の体積が何倍（何cm分）かであったことを理解することができる。

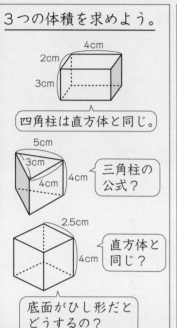

3つの体積を求めよう。

四角柱は直方体と同じ。

三角柱の公式？

直方体と同じ？

底面がひし形だとどうするの？

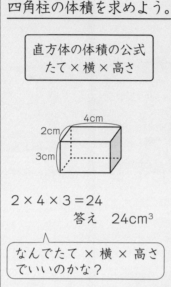

四角柱の体積を求めよう。

直方体の体積の公式
たて×横×高さ

2×4×3＝24
答え　24cm³

なんでたて×横×高さでいいのかな？

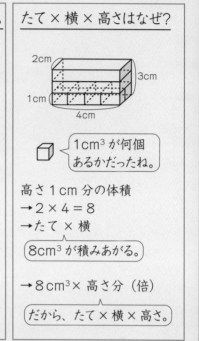

たて×横×高さはなぜ？

1cm³が何個あるかだったね。

高さ1cm分の体積
→2×4＝8
→たて×横

8cm³が積みあがる。

→8cm³×高さ分（倍）

だから、たて×横×高さ。

4 たて×横×高さはなぜ？

高さ1cmの1段目に1cm³が2×4＝8個分

これが上に重なっていく

だから高さをかける

　直方体の体積の公式が生まれた過程を，1cm³の立方体を基準として振り返る。高さ1cmの底面に1cm³が何個並ぶのか，そしてその体積が高さ倍になることを振り返ることが，次時以降の展開でも重要になる。

まとめ

　3つの柱体の体積比べを考える活動を通して，体積の公式が適用できる図形とできない図形を認識させる。その際，単に「習っていないからできない」という理由で終わらせるのでなく，直方体の体積公式が生み出された過程を振り返らせることが大切になる。高さ1cmの底面の体積が，上に何段（cm）積み上がるのかを考える見方が，未習の立体の体積を求める見方にもつながるからである。

1 対称な図形

2 文字と式

3 分数と整数のかけ算・わり算

4 分数と分数のかけ算

5 分数と分数のわり算

6 比とその利用

7 拡大図・縮図

8 円の面積

9 立体の体積

本時案

三角柱の体積を求めよう

授業の流れ

1 三角柱の体積を求めよう

> 底面は直角三角形だから，2つ合わせれば直方体になる

> 直方体を半分にすればいいんだ

> 直方体に直すしか方法はないのかな

　底面が三角形のため，前時の学習で求めた1段目（高さ1cm）の体積を求めてから高さをかける方法は使えない。そのことに気付かせることが大切である。

　提示された三角柱は底面が直角三角形である。従って2つ合わせることで既習の直方体ができる。この気付きが，この後の底面積×高さの見方へとつながっていく。

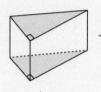

> 三角柱の体積を求めよう。

> 底面が長方形じゃないから1段目が分からない。

> 底面は直角三角形だから2つで長方形。

○直方体を半分にする

$$3 \times 4 \times 4 \div 2 = 24$$
$$\underline{24cm^3}$$

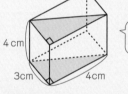

4cm
3cm　　4cm

> 直方体にするしかないの。

---

2 直方体に直すしかないの？

　直方体に直す以外の三角柱の体積の求め方を考えさせる。前時に高さ1cmの底面積をもとに考えたことを想起させる。高さ1cmの体積を長方形と考えてから$\frac{1}{2}$にする見方を引き出すことが大切である。この見方ができれば，その後は高さ倍すれば体積が求められる。この手続きは，直方体も三角柱も同じである。この気付きも引き出していきたい。

3 三角柱と四角柱は同じ？

> 高さ1cmの体積と底面積は同じだ

> 高さ1cmの体積に高さをかけるから，体積は底面積×高さで求められるね

　三角柱と四角柱の体積の求め方の共通点を考えさせる。高さ1cmの体積は底面積の1倍であることに気付かせることが大切である。この見方ができれば様々な角柱の体積を求めることができるからである。

本時の評価

- 三角柱の体積は，直方体に直すことで求められることを見いだすことができたか。
- 三角柱と四角柱の体積の求積方法を比較することで，高さ1cmの体積×高さの見方が共通することに気付くことができたか。また，そこから底面積×高さと体積の公式をまとめられることに気付くことができたか。

直方体に直すしかないの？

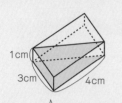

○高さ1cmの三角柱なら

> 高さ1cmの直方体の半分。

高さ1cmの体積
$3 × 4 × 1 ÷ 2 = 6cm^3$

> $6cm^3$が4段分。

高さ4cmの体積 ＜あれ？＞
$6 × 4 = 24cm^3$

三角柱と四角柱は同じ？

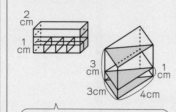

> 高さ1cmの体積×高さが同じ。

> 高さ1cmの体積と底面の面積は同じ。

三角柱の体積
→ $\underset{\text{底面積}}{3 × 4 ÷ 4} × \underset{\text{高さ}}{3} = 24cm^3$

> 角柱の体積＝底面積×高さ

底面がひし形の四角柱の体積

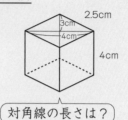

> 対角線の長さは？

$\underset{\text{底面積}}{4 × 3 ÷ 2} × \underset{\text{高さ}}{4} = 24cm^3$

○直方体とひし形の四角柱の体積が大きい
○どんな図形も求められる？

> 五角柱や六角柱もできる。

> 円柱は？

---

4 底面がひし形の四角柱の体積は？

> 体積の公式でどんな図形も求められるかな

> 五角柱・六角柱もできる

> 円柱はできるかな

　底面積×高さで体積の公式で，底面がひし形の四角柱の体積も求められる。体積の公式を使えば，どんな図形の体積も求められるか問いかける。三角柱・四角柱以外の図形にも視点を広げるためである。

まとめ

　三角柱と四角柱の体積は，高さが1cmの体積を高さ倍して求めることができる。この求め方の共通点に気付かせることが大切である。公式は一方的に教師が提示するのではなく，複数の事例を通して共通する部分を見つけ言葉でまとめていくのである。このようにして作り上げた公式は，時間がたっても忘れない。また，共通点を探る見方・考え方は算数全般で重要な力である。

側タブ（右端）

1 対称な図形
2 文字と式
3 分数と整数のかけ算・わり算
4 分数と分数のかけ算
5 分数と分数のわり算
6 比とその利用
7 拡大図・縮図
8 円の面積
9 立体の体積

本時案

円柱の体積を
求めよう

授業の流れ

1 円柱の体積は求められるかな？

円柱の体積は求められるかな

四角柱と同じ方法で求められるんじゃないかな？

高さが1cmの体積を求めてから，それに高さをかければよさそうだね

　円柱の体積の求め方を考える際に，前時までの四角柱の体積の求め方と関連付けて「高さ1cmの体積を求めてから，高さ倍をすればいい」という見方を引き出すことが大切である。既習の学習から類推する考え方を価値づけることも大切である。

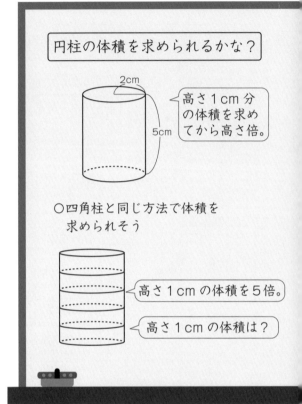

円柱の体積を求められるかな？

2cm

5cm

高さ1cm分の体積を求めてから高さ倍。

○四角柱と同じ方法で体積を
　求められそう

高さ1cmの体積を5倍。

高さ1cmの体積は？

---

2 高さ1㎝の体積は？

　　　　高さ1cmの円柱の体積を求めさせる。曲面があるために，すぐには体積の求め方が分からない子どももいるであろう。そこで，円の面積の求積学習を想起させる。円を扇形に等分割して平行四辺形に並べ替えた学習と関連付ける見方を引き出したい。

　高さ1cmの体積を求める場面で，この体積は円柱の底面積と同じ数値になるという気付きも引き出していきたい。

3 円柱の体積の公式は？

高さ1㎝の体積 × 高さだから底面積 × 高さ

円柱の体積も四角柱の体積も公式は同じになるね。おもしろい

　円柱の体積が「高さ1cmの体積×高さ」で求められたことから，体積の公式を導き出していく。「底面積×高さ」という公式は，角柱（四角柱）の公式と同じであるという気付きを引き出していきたい。

1	対称な図形
2	文字と式
3	分数と整数のかけ算・わり算
4	分数と分数のかけ算
5	分数と分数のわり算
6	比とその利用
7	拡大図・縮図
8	円の面積
9	立体の体積

本時の評価

・円柱の体積の求積方法を四角柱の体積の求積方法と関連付けることで，高さ1cmの体積×高さで求められることを理解することができたか。

・円柱と四角柱の体積の求積方法が同じ公式にまとめられることに気付くとともに，もっと角数が増えた柱体も同じ公式で求積できそうだと類推的に考えることができたか。

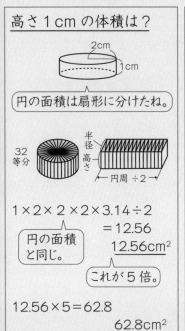

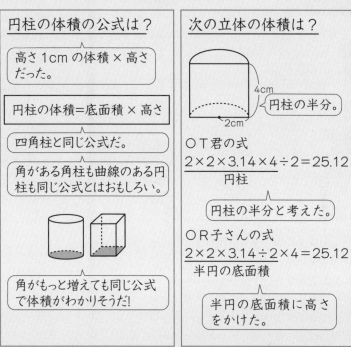

4 次の立体の体積は？

　円柱の半分の体積を求めさせる。円柱の体積を求めてから二等分にする方法と，半円の底面積を求めてから高さ倍にする方法が生まれてくる。この考え方をすべて発表させるのではなく，式だけを提示しどのように考えたのかを全員で読解することが大切である。全員を学びに参加させるには，このような読解場面が必要である。また角がもっと増えた角柱へとつながる類推的見方も引き出していきたい。

まとめ

　円柱の体積は，高さ1cmの体積を求めてから高さ倍することで求められる。この求積方法は，前時に学習した角柱（四角柱）と同じ方法である。この共通点への気付きを引き出すことが大切である。この気付きから，四角柱・円柱と同様に，その他の角の数が多い角柱の体積も同様の公式で求められることが類推的に見えてくる。場面を子どもが発展させて考えたくなる展開も大切である。

本時案

いろいろな柱体の体積を求めよう(1)

本時の目標

・いろいろな柱体の体積の求積を通して，柱体の体積の求積方法を理解することができるとともに，求積公式を使いこなすことができる。

授業の流れ

1 三角柱の体積は求められるかな？

底面が直角三角形ではないよ

高さがないよ

高さは3cm。これなら公式が使える

三角形の底辺を4cmとして調べよう

底面が直角三角形でない三角柱を提示する。当初は高さを示さない図を提示する。必要な情報をいつも教師が提示するのではなく，子どもが必要な情報を探していく活動が大切である。条件不足の課題を提示することで，子どもは主体的に問題解決に取り組み始めるからである。

三角柱の体積は求められるかな？

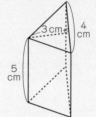

底面が直角三角形ではないよ。

底辺が4cmなら高さを測ればいいね。

〇底面の三角形の高さ
→底辺が4cmなら高さは3cm

$$4 \times 3 \div 2 \times 5 = 30$$
底面積　　　高さ

30cm³

直角三角形でなくてもできる。

---

2 階段立体の体積は？

階段形の立体の体積を求めさせる。このままで体積を求めることは難しい。「分けたらできる」というアイディアを引き出すことが大切である。分けることで答えを導き出す学習は，面積の複合図形でも行っている。その学習と関連づける見方も引き出し，価値付けていきたい。

また，この場面でも式だけを提示し，どのように考えたのかを読解する場面を取り入れていくことで，全員を学びに参加させることができる。

3 ひき算でもできる？

F子は正面のL字面を底面にしたんだ

90°転がして考えたんだね

分けるよりも式も短くて簡単

分割以外の求め方を考えさせる。G男の式だけを提示し，ひき算での求め方を式から読解させる。また，底面積×高さの求積公式から正面のL字面を底面とする求め方もある。前記3つの方法より簡単だと考える子どももいるであろう。その理由も引き出したい。

1 対称な図形

2 文字と式

3 分数と整数のかけ算・わり算

4 分数と分数のかけ算

5 分数と分数のわり算

6 比とその利用

7 拡大図・縮図

8 円の面積

9 立体の体積

本時の評価

・いろいろな柱体の体積の求積を通して，柱体の体積の求積方法を理解することができるとともに，求積公式を使いこなすことができたか。
・友だちの式から，その背景にある見方・考え方を理解することができたか。
・1つの体積で活用した求積方法が，別の図形でも活用できることに気づくことができたか。

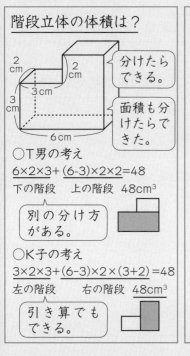

階段立体の体積は？

分けたらできる。

面積も分けたらできた。

○T男の考え
$6 \times 2 \times 3 + (6-3) \times 2 \times 2 = 48$
下の階段　上の階段　48cm³

別の分け方がある。

○K子の考え
$3 \times 2 \times 3 + (6-3) \times 2 \times (3+2) = 48$
左の階段　右の階段　48cm³

引き算でもできる。

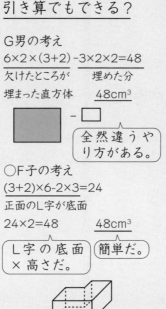

引き算でもできる？

G男の考え
$6 \times 2 \times (3+2) - 3 \times 2 \times 2 = 48$
欠けたところが　埋めた分
埋まった直方体　48cm³

全然違うやり方がある。

○F子の考え
$(3+2) \times 6 - 2 \times 3 = 24$
正面のL字が底面
$24 \times 2 = 48$　48cm³

L字の底面×高さだ。

簡単だ。

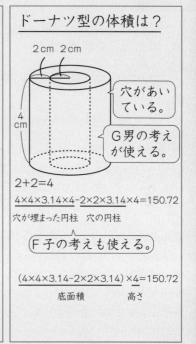

ドーナツ型の体積は？

穴があいている。

G男の考えが使える。

$2+2=4$
$4 \times 4 \times 3.14 \times 4 - 2 \times 2 \times 3.14 \times 4 = 150.72$
穴が埋まった円柱　穴の円柱

F子の考えも使える。

$(4 \times 4 \times 3.14 - 2 \times 2 \times 3.14) \times 4 = 150.72$
底面積　高さ

---

4 ドーナツ形の体積は？

F子の考えも使えそうだよ

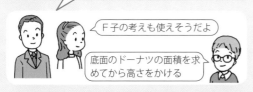

底面のドーナツの面積を求めてから高さをかける

　穴を埋めた体積から穴の部分を引くのはG男と同じ考え方である。底面のドーナツ形の面積を先に計算するのはF子と同じ考え方である。2つの問題を別々のものと捉えるのではなく，見方・考え方は共通する部分があることに気づかせることが大切である。

まとめ

　三角柱は，必要な長さが何であるのかを子ども自らが見いだし，図形に働きかけていくことが大切である。
　複合図形の求積では式の意味を読解することとともに，その求め方を別の図形にも当てはめて考える見方・考え方が大切である。1つ1つの問題は独立しているのではなく，見方・考え方の視点では共通する部分があることに気づかせることが大切である。

本時案

いろいろな柱体の体積を求めよう(2)

5/5

本時の目標

・いろいろな角柱の体積の求積を通して，図形を多面的に見ることでより簡便な求積の仕方を考えていくことができる。

授業の流れ

1 富士山型の体積を求められるかな？

富士山型の体積は求められるかな

底面は長方形だけど，上下の大きさが違うよ

90°回転すると台形の上下の底面が合同

回転すると簡単に求められるね

　富士山型は底面が上下とも長方形である。しかし，その大きさが異なる。上下の底面は合同でなければ体積の求積公式が適用できないことに気付かせていく。立体を90°回転することで，富士山型の底面が合同になる。この見方を価値づけていく。

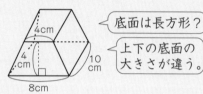

富士山型の体積を求められるかな？

底面は長方形？

上下の底面の大きさが違う。

90°回転したら上下の底面がそろう。

○台形が上下の底面なら

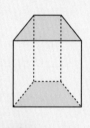

→四角柱の公式でできる
$(4+8) \div 2 \times 4 \times 10 = 240$
$\underline{240cm^3}$

2 一般四角柱の体積は？

　一般四角柱はそのままでは底面積が求められない。底面を三角形2つに分割すれば，底面積が求められる。このアイディアを引き出していきたい。2つの三角形に分割した底面は，底辺が共通している。そこに2つの高さの和をかけることで面積が求められる。これは「対角線×高さ」とまとめられる。この求め方は，ひし形の面積の求め方と共通している。この気付きを引き出していきたい。この見方ができれば，一般四角形の底面積もひし形と同じ見方で求められる。

3 3段階段の体積は？

横か縦に3つに分ければ計算できるね

でも3回も計算するから面倒だね

　3段階段の体積も，分割することで求めることができる。縦に3分割する求め方と横に3分割する求め方がある。しかし，この方法は計算が大変である。この見方を引き出していきたい。これがもっと簡単な求め方を考えたいという新しい見方を引き出していく。

本時の評価

・いろいろな角柱の体積の求積を通して，図形を多面的に見ることでより簡便な求積の仕方を考えていくことができたか。
・底面が一般四角柱の四角柱や階段立体の体積の求積方法を考えることを通して，ひし形の面積との共通性や3段階段の特殊性に気付くことができたか。

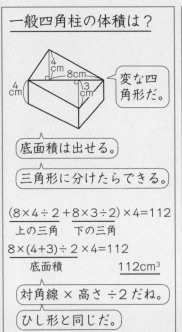

一般四角柱の体積は？

変な四角形だ。

底面積は出せる。

三角形に分けたらできる。

$(8×4÷2＋8×3÷2)×4＝112$

上の三角　　下の三角

$8×(4＋3)÷2×4＝112$

底面積　　　　112cm³

対角線×高さ÷2だね。

ひし形と同じだ。

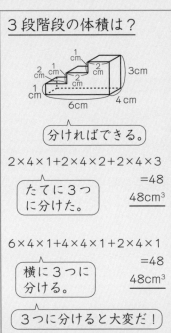

3段階段の体積は？

分ければできる。

$2×4×1＋2×4×2＋2×4×3$
$＝48$
48cm³

たてに3つに分けた。

$6×4×1＋4×4×1＋2×4×1$
$＝48$
48cm³

横に3つに分ける。

3つに分けると大変だ！

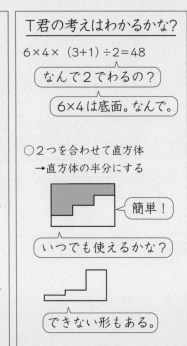

T君の考えはわかるかな？

$6×4×（3＋1）÷2＝48$

なんで2でわるの？

6×4は底面。なんで。

○2つを合わせて直方体
→直方体の半分にする

簡単！

いつでも使えるかな？

できない形もある。

4 T君の考えは分かるかな？

直方体にする方法は簡単。でもいつでも使える？

階段の高さがバラバラだとできないね

　式だけを提示し，その考え方を読解する。「÷2」「3＋1」の式が，この考え方を理解するポイントである。直方体にする求め方の簡便性は実感できるであろう。その後，この求め方の一般化を問う。この図形の特殊性への気付きを引き出していきたい。

まとめ

　特殊な立体の体積の求め方を考えさえる。図形を回転させることや，図形を分割するアイディアを引き出すことで求積することができる。このように図形を多面的に捉える見方・考え方を培うことが大切である。
　本時の3段階段は，2倍すると直方体になる。直方体になるのは特殊な図形の場合のみである。この特殊性や直方体ができない図形の具体例にも気付かせていきたい。

1 対称な図形
2 文字と式
3 分数と整数のかけ算・わり算
4 分数と分数のかけ算
5 分数と分数のわり算
6 比とその利用
7 拡大図・縮図
8 円の面積
9 立体の体積

全12巻単元一覧

監修者・著者紹介

[総合企画監修]

田中　博史（たなか　ひろし）

真の授業人を育てる職人教師塾「授業・人塾」主宰。前筑波大学附属小学校副校長，前全国算数授業研究会会長，筑波大学人間学群教育学類非常勤講師，学校図書教科書「小学校算数」監修委員。主な著書に『子どもが変わる接し方』『子どもが変わる授業』『写真と対話全記録で追う！　田中博史の算数授業実況中継』（東洋館出版社），『子どもに教えるときにほんとうに大切なこと』（キノブックス），『現場の先生がほんとうに困っていることはここにある！』（文溪堂）等がある。

[著　者]

尾﨑　正彦（おざき　まさひこ）

関西大学初等部教諭。新潟県公立小学校勤務を経て現職。スタディサプリ小学講座講師，全国算数授業研究会常任理事，学校図書『みんなと学ぶ小学校算数』編集委員。2013年度「東京理科大学　第6回《算数・授業の達人》大賞」優秀賞受賞。2005年度　第41回「わたしの教育記録」特選。主な著書に，『小学校　新学習指導要領　算数の授業づくり』（明治図書），『アクティブ・ラーニングでつくる算数の授業』（東洋館出版社），『思考力・表現力を評価する算数テスト集』（東洋館出版社）等がある。

『板書で見る全単元・全時間の授業のすべて　算数　小学校 6 年上』
付録 DVD ビデオについて

・付録 DVD ビデオは，尾﨑正彦先生による「単元1　対称な図形　第1時」の授業動画が収録されています。

【使用上の注意点】
・DVD ビデオは映像と音声を高密度に記録したディスクです。DVD ビデオ対応のプレイヤーで再生してください。
・ご視聴の際は周りを明るくし，画面から離れてご覧ください。
・ディスクを持つときは，再生盤面に触れないようにし，傷や汚れ等を付けないようにしてください。
・使用後は，直射日光が当たる場所等，高温・多湿になる場所を避けて保管してください。

【著作権について】
・DVD ビデオに収録されている動画は，著作権法によって守られています。
・著作権法での例外規定を除き，無断で複製することは法律で禁じられています。
・DVD ビデオに収録されている動画は，営利目的であるか否かにかかわらず，第三者への譲渡，貸与，販売，頒布，インターネット上での公開等を禁じます。

【免責事項】
・この DVD の使用によって生じた損害，障害，被害，その他いかなる事態についても弊社は一切の責任を負いかねます。

【お問い合わせについて】
・この DVD に関するお問い合わせは，次のメールアドレスでのみ受け付けます。　tyk@toyokan.co.jp
・この DVD の破損や紛失に関わるサポートは行っておりません。
・DVD プレイヤーやパソコン等の操作方法については，各製造元にお問い合わせください。

板書で見る全単元・全時間の授業のすべて
算数 小学校6年上
～令和2年度全面実施学習指導要領対応～

2020（令和2）年4月1日　初版第1刷発行

監　　　修：田中　博史
著　　　者：尾﨑　正彦
企画・編集：筑波大学附属小学校算数部
発 行 者：錦織　圭之介
発 行 所：株式会社東洋館出版社
　　　　　〒113-0021　東京都文京区本駒込5丁目16番7号
　　　　　営 業 部　電話 03-3823-9206　FAX 03-3823-9208
　　　　　編 集 部　電話 03-3823-9207　FAX 03-3823-9209
　　　　　振　　替　00180-7-96823
　　　　　Ｕ　Ｒ　Ｌ　http://www.toyokan.co.jp

印刷・製本：藤原印刷株式会社

装丁デザイン：小口翔平＋岩永香穂（tobufune）
本文デザイン：藤原印刷株式会社
イラスト：小林裕美子（株式会社オセロ）
DVD 制作：株式会社 企画集団 創

ISBN978-4-491-03994-7　　　　　　　　　Printed in Japan